Steven Tandler

Die Regelzäsur

Zur schneidigen Prädeterminante
eines erfolgsträchtigen Regelbruchs
im betriebswirtschaftlichen Bezugskontext

D1731728

Bachelor + Master
Publishing

Tandler, Steven: Die Regelzäsur: Zur schneidigen Prädeterminante eines erfolgsträchtigen Regelbruchs im betriebswirtschaftlichen Bezugskontext, Hamburg, Diplomica Verlag GmbH 2012
Originaltitel der Abschlussarbeit: Zur Idiosynkrasie der Regelzäsur: Eine genealogische Analyse zur Existenz und Notwendigkeit bei der Unternehmensführung

ISBN: 978-3-86341-224-1
Druck: Bachelor + Master Publishing, ein Imprint der Diplomica® Verlag GmbH, Hamburg, 2012
Zugl. Hochschule Lausitz, Senftenberg/Cottbus, Deutschland, Bachelorarbeit, August 2011

Bibliografische Information der Deutschen Nationalbibliothek:
Die Deutsche Nationalbibliothek verzeichnet diese Publikation in der Deutschen Nationalbibliografie; detaillierte bibliografische Daten sind im Internet über http://dnb.d-nb.de abrufbar.

Die digitale Ausgabe (eBook-Ausgabe) dieses Titels trägt die ISBN 978-3-86341-724-6 und kann über den Handel oder den Verlag bezogen werden.

© Bachelor + Master Publishing, ein Imprint der Diplomica® Verlag GmbH
http://www.diplom.de, Hamburg 2012
Printed in Germany

Inhaltsverzeichnis

»Nichts ist wahr, alles ist erlaubt«

Hasan-i Sabbah

»Und wer ein Schöpfer sein muß im Guten und Bösen: wahrlich, der muß ein Vernich-
ter erst sein und Werte zerbrechen.«

Friedrich Nietzsche

»…*Regeln und Maßstäbe werden oft de facto verletzt,* […] *man muß sie verletzen,* um
[…] vorankommen zu können.«

Paul Feyerabend

Executive Summery

Nicht jeder Regelbruch ist ein Bruch im wahren Sinne des Wortes. Unstrittig ist, dass ein Regelbruch nur von einem Wesen, einem konstruierenden Gehirn hochkomplexer neuronaler Vernetzungen, versehen mit Mut, List, Egoismus und einer Portion schöpferischer Zerstörung, erdacht werden kann. Sobald ein Computer eine Regel bräche, würde es einer künstlichen Intelligenz gleichen, da Computer nur beschriebenen und diktierten Befehlen folgen oder in bestimmten Situationen einem festgelegten Ablauf folgen.

An dieser Stelle besann sich der Autor und tat es dem Erstbenannten gleich, welches zu folgendem Ergebnis führte:

- Nach der Eröffnung durch die Begriffsbestimmungen: »Regel«, »Norm«, »Bruch«, »Zäsur« und »Erfolg« folgten die Beispiele, die beträchtlich zur Faktenkonstatierung der Idiosynkrasie (oder Eigentümlichkeit) beitrugen.

- Zwei Beispiele für Zäsuren sind die easyApotheke und Carglass, welche Regeleinschnitte oder Regelverletzungen darstellen, die die konsistente Einheit der Regel jedoch nicht neutralisiert.

- Ein Beispiel (Wunderloop) ist ein klassischer Bruch, wie er in jedem Standardwerk über Regelbrüche nachgelesen werden kann.

- Als *primus inter pares* ist die minder ausgeprägte Strafenintensität zu nennen, welche sogar bis zum gänzlichen Fehlen reicht (siehe Kapitel 4.3).

- Im finalen Schritt wurden die Erfolgsmerkmale: »individuelle Einheitlichkeit«, »Awareness«, »Franchise«, »Lean-Management«, »Intermediarität« und »Strafenbewusstsein« festgehalten.

Diese Arbeit zeigt demnach, dass nicht jeder Regelbruch ein Bruch im wahrsten Sinne des Wortes ist.

1. Die Einleitung

»Mein Haus!, mein Auto!, mein Boot!«.

Diese symmetrisch kaskadierte Triage aus der Fernsehwerbung eines pekuniären Vermögensverleihers und Werteverwalters symbolisiert ein putatives und zeitloses Sinnbild für den Erfolg.[1] Betrachtet man diesen Werbespot genauer, könnte die Meinung entstehen, dass der Gesprächspartner beim reversen Aufzählen des Vermögens DIE Regel bricht, welche vom Begrüßenden initiiert wurde. Doch wird hier wirklich eine Regel gebrochen? — Oder handelt es sich um eine sequenzielle Entartung, eine marginale Abweichung oder schlichte Nichtbefolgung eines Verhaltenangebotes, die einer Zäsur ähneln könnte?

Die vorliegende Denkschrift soll die Opportunität eröffnen, folgende wissenschaftliche Frage: »Inwieweit ist es möglich, die regelbezogene Zäsur als prädeterminierende Konstante zu kultivieren, um einen einfachen und erfolgreichen Zugang zum Regelbruch zu generieren, ohne dass organisationale, psychologische oder pekuniäre Blockaden und Nivellierungsmechanismen einen unternehmenseigenen destruktiven Einfluss ausüben können?« einer suffizienten Antwort unterziehen zu können.

Das ganzheitliche Ziel dieser Arbeit ist es, ausgewählte Sachverhalte, die zur Existenz einer Regelzäsur beitragen (mit jeglichen Eigentümlichkeiten, die zur Demarkation und Abgrenzung dienen), zu lokalisieren. Weiterhin ist ein Bewusstsein beziehungsweise ein Scharfblick zu schaffen, der den Leser in die Möglichkeit versetzen soll, etwaig verkannte Zäsuren (oder fälschlicherweise als »Regelbrechend« deklarierte neue Unternehmenskonzepte) zu erkennen und seinen jeweiligen Erfolg aus der strafenschwächeren Regelzäsur zu generieren.

Um dies zu gewährleisten, werden vorab Begriffe, die zur semantischen Interferenz neigen, einer Bestimmung unterzogen, einhergehend mit einer impliziten Nutzungsempfehlung. Im weiteren Verlauf werden realisierte Praktiken, Verfahrensweisen und Konzepte ausgewählter Unternehmen analysiert, um anhand von Fallbeispielen die begriffslastige Theorie validieren zu können. Der letzte Part separiert und aggregiert –

---

[1] Vgl. Goertz (2007, S. 22)

ähnlich dem Liniengleichnis von Platon[2] – alle sichtbaren und unsichtbaren Faktoren des vorangegangen Praxisteiles.

---

[2] Vgl. Hell (2005, S. 24)

2. Die Begriffsbestimmungen

Dieses Kapitel soll in erster Linie grundlegende Fragen zu den multivalenten Begriffen »Regel« und »Norm« erheben, erläutern und diversifizieren. In direkter Folge werden die Begriffe »Bruch« und »Zäsur« der gleichen Verfahrensweise unterzogen. Schließlich wird der allgemeine Begriff »Erfolg« näher erklärt und wichtige Fakten exploitiert, welche schließlich dem Fazit dienlich sein sollen.

Vornehmlich hält es der Autor für seine Pflicht, den geneigten Leser auf einen Sachverhalt hinzuweisen, der in diesem Kapitel stets mitschwingt und allgemein bekannt sein sollte. Eine Definition oder Klassifikation kann nicht wahr oder falsch sein. Die Güte einer Definition kann lediglich über eine dezidiert bivalente Zweckmäßigkeitsfrage geklärt werden (also: zweckmäßig oder nicht zweckmäßig), da sie eine Vereinbarung über die bestimmte Verwendung von Wörtern beziehungsweise Ausrücken impliziert.[3]

2.1 Der Begriff der »Regel«

Um einen unscharfen und emergenten Begriff besser verstehen zu können, bedarf es einer, an einer mathematischen Ausdrucksweise anlehnend: Aufstellung dreier Definitionen, welche verglichen werden können, um dann im Mittel die Botschaft aufweisen zu können, welche hier an den Leser adressiert und transportiert werden soll.

Die erste – sehr allgemein gehaltene – Definition wurde aus einem einschlägigen Nachschlagewerk isoliert, wonach eine Regel als eine:

„aus bestimmten Gesetzmäßigkeiten abgeleitete, aus Erfahrungen und Erkenntnissen gewonnene, in Übereinkunft festgelegte, für einen jeweiligen Bereich als verbindlich geltende Richtlinie"[4]

beschrieben wird. Sie soll vorrangig dem Individuum – nach erfolgter Konsolidierung zudem der Gemeinschaft – zugeeignet sein. Die selektierte Definition beschreibt

---

[3] Vgl. Opp (1983, S. 2)
[4] Duden (2003, Stichwort: Regel)

multivalente Aspekte zur Regelbildung, wobei die Entwicklung zum »Gesetz« tendenziell am Ende eines Regelbildungsprozesses angesiedelt werden sollte.[5] Hier wurde jedoch von einer nicht beeinflussbaren omnipräsenten Gesetzmäßigkeit ausgegangen, welche durch eine Wiederholung evident werden soll. Leider ist aus dem ersten Punkt der Aufzählung nicht ersichtlich, ob die Ableitung eine individuelle Reflektion zur Befolgung oder Erstellung einer Regel voraussetzt. Es scheint, dass jener Part die Befolgung impliziert, da gegen Ende der Definition die Verbindlichkeit zum Soll-Sein erhoben wird. Des Weiteren ist eine dipolare Dimension kristallisierbar, da die Erfahrungen und Erkenntnisse auf das Individuum wirken könnten (z.B. in Form einer Situation, welche zu Situationsschemata führen können) und die Übereinkunft sein »regelrechtes« Handeln (welches sich zu Handlungsschemata akkumulieren kann) unterstützten könnte.[6] Das Verhalten eines Einzelnen – in Übereinkunft mit dem selbigen Verhalten anderer – kann sich dann zur »Regel« verdichten.

Ferner lautet eine zweite – detaillierte und präzise – Definition der Regel, welche hier als:

„gemeinhin bekannte Vorschriften [tituliert werden], die von einer Gruppe von Teilnehmern genutzt werden, um wiederholt auftretende Interaktionen zu ordnen. Regeln sind Ergebnis eines impliziten oder expliziten Versuchs einer Gruppe von Individuen, Ordnung beziehungsweise stabile Erwartungen innerhalb wiederkehrender Situationen zu erzielen."[7]

Beachtenswert ist, dass stets von physisch realen und präsenten Teilnehmern geschrieben wurde, die, zur Gruppe aggregiert, sich in der konvergenten Gruppendynamik ein bestimmtes Verhalten zur Maxime erheben.

In der Literatur wurde noch auf zwei Merkmale hingewiesen. Die erste Anmerkung handelt vom Wort: »gemeinhin«, welches dem betreffenden Individuum keine umfassende Regelkenntnis unterstellen soll. Es findet eine Differenzierung von privaten Normen und gesellschaftlichen Regeln statt, da ersteres nicht notwendigerweise letzteres teilen muss. Das zweite Merkmal tangiert den Absentismus eines planerischen Entwurfes der Regel. Hier sind dem Individuum lediglich explizite sowie implizite

---

[5] Vgl. Garz (2008, S. 65)
[6] Vgl. Krause/Müller (1984, S. 742)
[7] Voigt (2009, S. 27)

strukturschaffende Versuche unterstellt worden, welche – mittels Geboten oder Verboten – in eine angeordnete, verordnete und begrenzte Handlungsweise forciert werden, die zwanghaft eine Evidenz zur Gemeinsamkeit erhebt. Als Beispiel sei hier die Entwicklung der Sprache erwähnt, welche kein planvoll geschaffenes Konstrukt darstellt.[8]

Kritisch gilt es zu konstatieren, dass das gewählte Zitat nah an dem *Terminus* der »Regelung« operiert, welches ein aktives Moment oder ein externes Eingreifen impliziert, das sich von der baren Regelbedeutung entfernt.[9]

Nachfolgend ist die am weitesten und in diesem Exzerpt zudem älteste gefasste Definition zum Begriff »Regel« fixiert:

„Einheit der Bedingung, unter der etwas als allgemein gesetzt wird, ist Regel.“[10]

Dieser Satz könnte an Rene Descartes wissenschaftliche Denkweise erinnern, der die Deduktion als einzig anerkennenswerte wissenschaftliche Methode beschrieb. Bei dieser herrschen ursächliche und grundlegende Bedingungen, die, mittels einer einfachen logischen und stringenten Konsequenz, eine sich an Komplexität steigernde Erkenntnis fabriziert, welche neue Bedingungen generiert.[11] In der Tat wurde im oben aufgeführten Zitat eine Grund-Folge-Beziehung für möglich gehalten. Hier soll in aller Deutlichkeit festgehalten werden, dass eine Regel ein putatives Verhältnis beschreibt, nachdem ein bestimmter Grund eine Folge nach sich ziehen könnte und nicht muss. Allein die Möglichkeit, dass ein solches Verhältnis bestehen könnte reicht aus, um von einer Regel zu sprechen. Damit trifft Kant jenen transzendenten Kern, welcher bisher keiner anderen oben benannte Definition anheim zu stellen ist. Des Weiteren wird durch Kant der Begriff »Gesetz« durch die Notwendigkeit eines Grund-Folge-Verhältnisses scharf vom Begriff der »Regel« unterschieden.[12]

---

[8] Vgl. Voigt (2009, S. 27 f.)
[9] Vgl. Gabler (2000, S. 2608); Vgl. Köbler (1995, S. 335)
[10] Prien (2006, S. 35)
 Anmerkung des Verfassers: Die originäre lateinische Wendung, welche in der Kantischen Reflektion 5751 niedergeschrieben ist, heißt: »Propositis enuntians determinationem rationi conformem est NORMA, immo LATIUS, repraesentatio determinationis rationi conformis.« Leider ist an keiner Stelle bemerkt, ob es der Buchautor übersetzte oder einer anderen Quelle entnommen hat.
[11] Vgl. Perler (2006, S. 52)
[12] Vgl. Prien (2006, S. 35 f.)

Schließlich soll eine etymologische Betrachtung dieses Kapitel abrunden. So leitet sich das heutige Wort »Regel« von »regele, regel (mhd.); regula (ahd./lat.); regere (lat.)« ab, welches »Richtschnur, Vorschrift, Gewohnheit, Riegel, Maßstab, gerade richten, lenken, leiten« bedeuten kann.[13] Als Merkmal der etymologischen Extraktion wird evident, dass alle Translationen einen aktiven/ passiven präsenten Impuls (aktionale Beeinflussung durch die Person selbst/ auf die Person einwirkend) zur bewussten Steuerung beschreiben, bei dem subtil die Strafe (beim Bruch) mitschwingt.[14]

2.2 Der Begriff der »Norm«

In folgendem Abschnitt soll, unter der Zuhilfenahme einer sozialwissenschaftlichen und organisationstheoretischen Definition, ein markanter Unterschied zwischen den Wörtern »Regel« und »Norm« dediziert werden. Bedingt durch die Tatsache, dass jede Organisation oder Unternehmung Menschen als treibende und eskalierende Kraft inne hat, ist es an diesem Punkt zwingend notwendig eine sozialwissenschaftliche Definition voranzustellen.

Leider besteht bei jeder Definition, welche einen unscharfen und inkonsistenten Begriff zu Grunde hat, ein Problem der multivariablen Verwendung. Um eine – für dieses Exzerpt – dienliche Abgrenzung zu schaffen, ist es das Alpha und das Omega eine komplexitätsmindernde und sequenzierende Aufstellung zu wählen, welche als zutreffend und informativ zu beschreiben ist.[15] So wird unter einer sozialwissenschaftlichen »Norm« eine:

„von Individuen geäußerte Erwartung der Art verstanden, daß etwas der Fall sein soll oder muß oder nicht der Fall sein soll oder muß.“[16]

---

[13] Vgl. Köbler (1995, S. 334)
[14] Anmerkung des Verfassers: Die Tatsache, dass in dem etymologischen Wörterbuch das Wort »Regelstrafe« örtlich nah am Wort »Regel« definiert wurde, kann die oben geäußerte subjektive Intuition unterstützen.
[15] Vgl. Opp (1983, S. 19 f.)
[16] Opp (1983, S. 4)

Da keine nähere Spezifikation zur Äußerungsart erwähnt wurde, darf angenommen werden, dass die geäußerten Erwartungen verbal und nonverbal artikuliert werden können.

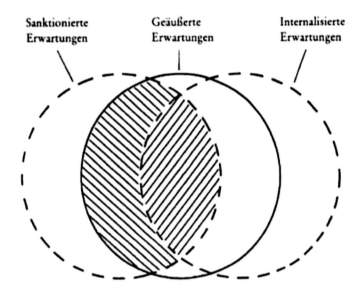

Abb. 1: Mögliche Definitionsmerkmale des Normbegriffs
Quelle: Opp (1983, S. 8)

Die Grafik 1 – welche an ein proportioniertes Venn- Diagramm erinnert – zeigt eine ähnliche Art der Definition, bei der die Sanktion als strafendes Medium akzentuiert wurde. Auf diesen Fakt wurde hier sowie in der Literatur bewusst verzichtet, da dies die Definition einengen und in eine Normentstehungstheorie überführen würde. Doch welche Erwartungen tangieren eine sozialwissenschaftliche »Norm«? Um dieser geistigen Vivisektion einen fruchtbaren Stand zu ebnen, ist das **individuelle menschliche Verhalten** als determinierbare postaktionale Variable zu benennen, welche im Extremum eine dichotome oder divalente Prägung (Befolgung der Norm/Ablehnung und Gegenaktionismus oder positive/negative Äußerung) besitzt oder einen quantitativen Ausdruck ermöglicht. Letztere Thematik inkludiert trivialerweise den Wert Null, da die gemessene »Anzahl an Morddelikten« Null betragen kann. Zur Operationalisierung des individuellen Verhaltens ist in der vorliegenden Literatur die Likert-Skala empfohlen.[17] Dass diese Bewertungsmethode eine Panazee zur behavioralen Evidenzgenerierung von »Normen« manifestiert oder ein Stimulus-Organismus-Reaktions Modell (S-O-R) zur Bestimmung von Käuferverhalten operationalisieren und objektivieren könnte,

---

[17] Vgl. Opp (1983, S. 5 ff.)

kommt einem inferioren Wunschdenken gleich. So formuliert ein gegenstimmiges Postulat, dass zu mannigfaltige umfeldabhängige Verhältnisse oder Gegebenheiten (z.B. Angst, Zuspruch, Motivation, Mitgefühl, etc.) auf das Individuum immitiert werden könnten, wonach es möglicherweise eine verzerrte und verfälschte Sicht emittiert.[18]

Nachdem im ersten Schritt die Mikroebene, welche sich sozialwissenschaftlich auf das einzelne Individuum bezieht, betrachtet wurde, gilt es sich nunmehr gegenüber der Makroebene, die sich auf eine organisationstheoretische Basis stützt, zu positionieren. So lautet jene Definition:

„Werte und Normen sowie mit ihnen verbundene Verhaltenserwartungen sind an bestimmte Typen von Akteuren gerichtet, d.h., einzelne Werte und Normen beziehen sich auf die ganze Organisation oder alle Mitglieder einer Organisation,[...]. In Organisationen werden diese Verhaltenserwartungen häufig formalisiert und als Rechte, Aufgaben und Verantwortlichkeiten eines Stelleninhabers in Stellenbeschreibungen festgelegt."[19]

Auch in dieser Definition wird von Verhaltenserwartungen ausgegangen, die von einer diametralen Sichtweise auf den betreffenden Akteur projiziert und direkt transponiert werden. Dem Akteur wird eine Rolle beziehungsweise ein bestimmtes Rollenverhalten vorgegeben und erwartet, dass er dieses verfolgt. Das Aufzeigen der Erwartungen wird ausschließlich über schriftlich festgehaltene allgemeine Beschreibungen zu seiner Stellung im Unternehmen realisiert, die lediglich ein geringes Residual zur informellen Normenbildung zulassen. Sollte dieses eben benannte Residual ein aktives Moment von Seiten des Akteurs besitzen, d.h. er lebt seine Rolle und stellt intrinsisch eigene Normen und Erwartungshaltungen auf, so wird die Eigenheit unter den Begriff »normativ bedingte Isomorphie« subsumiert. Dieser innere Wandel ist zudem Wegbereiter zur Einhaltung von Normen.[20]

---

[18] Vgl. Bicchieri (2006, S. 9 ff.)
[19] Walgenbach/Meyer (2008, S. 59)
[20] Vgl. Walgenbach/Meyer (2008, S. 59)

Zusammenfassend lässt sich konstatieren, dass subtile und feine Unterschiede in der Bedeutung sowie im täglichen prosaischen Gebrauch beider Termini (»Regel«, siehe Kapitel 2.1 und »Norm«, siehe Kapitel 2.2) elaborierbar sind. Eine »Norm« impliziert zumeist ein Gebot oder eine Vorgabe, welche mit einem Befehlscharakter einhergeht. Die »Norm« evoziert, um es als Hyperbel zu formulieren, einen gebieterischen Grundcharakter, da jene nur zur Erhebung und Einführung bestimmter Verhaltensschemata stimuliert wird, wenn favorisierte und beabsichtigte Handlungsmuster nicht eingehalten werden.[21] Diese sublime Differenzierung trifft leider nicht den allgemeinen völkischen Konsens, der unter Amalgamierungswut, Torsionsgebaren und Unschärfemanie leidet. Als **Antivergleich** und Beleg dieser These, sollen hierzu folgende Quellen mit ausgewählten Zitaten dienen:

„Eine Norm ist eine spezielle Richtlinie, eine Regel, die aussagt, wie man sich in bestimmten Situationen verhalten soll.“[22]

„Soziale Normen sind teilweise in feste Regeln oder auch Gesetze ‚gegossen‘, andererseits können sie auch deutlich variieren.“[23]

„Der Umstand, dass eine Norm in einer Gruppe bzw. einer Gesellschaft gilt und das Verhalten der Mitglieder im Sinne einer Verhaltensregel oder -vorschrift beeinflusst, ist das entscheidende Moment, nicht die reine Existenz einer Norm.“[24]

Möge sich der geneigte Leser an dieser Stelle exponiert vergegenwärtigen, dass die Abfolge der Zitate *per se* ein beweisendes Analogon zur oben gewählten Aufzählung repräsentiert.

---

[21] Vgl. Domasch (2007, S. 34); Vgl. Wimmer (1983, S. 7 ff.)
[22] Joas (2007, S. 85)
[23] Fröhlich-Gildhoff (2007, S. 15)
[24] Hallscheidt (2005, S. 85) nach Vgl. Vanberg (1984, S. 124)

2.3 Der Begriff des »Bruchs« im Vergleich zur »Zäsur«

Nachdem im vorhergehenden Kapitel erste grundlegende definitorische Stellungen klar bezogen und festgehalten wurden, kann nunmehr der Begriff des »Bruchs« beziehungsweise der »Zäsur« einer eingehenden Betrachtung und Abgrenzung unterzogen werden. So soll innerhalb dieses Kapitels die Frage geklärt werden: In welcher Kaskade unterscheidet sich der »Bruch« von der »Zäsur«?

Hierzu ist es dienlich eine erste Definition heranzuziehen:

„Bruch, in der alten Rechtssprache ein Vergehen sowie die darauf gesetzte Strafe"[25]

Diese allgemeine Erklärung eines Konversationslexikons zeigt in einfacher Art und Weise auf, dass ein rechtlicher Bruch (also ein Bruch, der sich gegen bestehendes Gesetz oder vereinbarte Normen richtet) mit einer Strafe, einer negativen Auswirkung für das Individuum oder Einschränkung der Freiheitsgrade einhergeht. Ferner ist hier eine Endgültigkeit, ein Schon-Geschehen implizit. Der Bruch stellt somit eine definitive Trennung von gedanklichen und scriptal fixierten Normen, Methoden und Verfahren dar. Paradox ist, dass Regelbrecher – so scheint es – eine Strafe, im Wissen eines potentiellen Erfolges in Kauf nehmen und Kontinuität in der Diskontinuität verfolgen. Sodann ist ein Bruch als lukrativ deklarierbar, sobald die zu erwartende Strafe geringer ist, als der zu erreichende Erfolg ausfällt.[26] Gewissermaßen bildet dieser Bruch einen Bifurkationspunkt (siehe Kapitel 3), welcher sich lediglich in zwei Richtungen ausbreiten kann: Erfolg oder Strafe.

Ferner heißt eine aktuelle Definition, welche die grundlegendste und adäquateste Erklärung zum Verständnis des »Bruchs« in dieser Arbeit beiträgt:

„das Nichteinhalten einer Abmachung o. Ä. [...oder...] das Abbrechen einer Verbindung, Beziehung"[27]

Abermals wurden bewusst diese sozialwissenschaftlichen Definitionen gewählt, da im unternehmerischen Umfeld stets Menschen »Entscheidungen« treffen. Die Nichteinhal-

---

[25] Meyers (1905, S. 473 f.)
[26] Vgl. Göbel (2002, S. 11)
[27] Duden (2003, Stichwort: Bruch)

tung ist auf einen zweigeteilten Boden gestellt, wobei selbst die Enthaltung einer Zustimmung eine Nichteinhaltung darstellen kann, da von einem *Status Quo* der positiven Erstverpflichtung ausgegangen werden muss. Das heißt, dass die Erwartungen an das Einhalten von Abmachungen – was natürlich auch Normen impliziert (siehe Kapitel 2.2) – als a priorische Verpflichtungen zu sehen sind. Demnach repräsentiert die Nichteinhaltung ein Abweichen eines vorgegebenen Soll-Zustandes und eine Nichtverfolgung eines vormals einheitlichen Kontextes. Inwieweit sich die Abstufung und Detaillierung der Nichteinhaltung formt, ist hier nicht analysierbar. So muss von der Dipolarität ausgegangen werden.

Schließlich symbolisiert das »Abbrechen« – leider wurde hier das Substantiv mit seinem präfixierten substantiviertem Verb erklärt – die vollständige Trennung der Eintracht. Die subtil mitschwingende Endgültigkeit einer Entzweiung sollte nicht vernachlässigt werden, weil hieraus eine Irreversibilität entstehen kann, die dem Bruch einen weiteren Teil seiner Bedeutung zusprechen und als Strafe in Betracht kommen kann. Ergo könnte sich jedoch die Strafe *posteriori,* mittels des Neuanfangs – den der Bruch ja stets inne hat – in Erfolg transformieren, sofern das Fraktal nicht verkannt wird.[28]

Nachdem die Stand- und Fixationspunkte zum Bruch dargelegt wurden, ist es an dieser Stelle passend, näher auf die »Zäsur« einzugehen. Hierzu liefert – da es an einer themenbezogenen Definition ermangelt – der Duden einen ersten und einzigen Einstieg, wonach der benannte *Terminus* den lateinischen Wendungen »caesura, caesum, caedere« entlehnt wurde, welche »das Hauen, der Hieb oder der Schnitt« als Übersetzung aufweisen.[29] Als opportun semantischer Ausdruck gilt der

„(bildungssprachlich[e]) Einschnitt […];[sowie ein] markanter Punkt"[30]

---

[28] Vgl. Grau (2001, S. 447 f.)
 Anmerkung des Verfassers: Am Beispiel des Ministerpräsidenten Kurt Eisner soll verdeutlicht werden, dass Mut zum Bruch, Kreativität oder Innovationsbereitschaft nicht immer Erfolg bedeuten muss. Wenn sich ein innovativ Agierender innerhalb einer aktionslastigen Interaktionskette oder eines sozialen Gefüges befindet (wovon stets ausgegangen werden muss), ist er auf die positive Rückkopplung der betreffenden oder beteiligten Personen angewiesen. Sollten sich hier Widerstände oder Auffassungsasymmetrien von marginalem Ausmaß bilden, so wird das Scheitern der Innovationsimplementierung die Folge sein.
[29] Vgl. Duden (2003, Stichwort: Zäsur)
[30] Duden (2003, Stichwort: Zäsur)

als gesetzt. In erster Linie fällt auf, dass eine »Zäsur«, im Vergleich zum »Bruch«, keine Andeutungen oder Anzeichen von einer Trennung, Entzweiung oder putativen Dipolarität aufweist. Der Schnitt oder Einschnitt zerstört oder entzweit nicht die vormals konsistente Einheit eines Verfahrens. Eine Konversion der Zäsur – die als Einschnitt, Betonung, Wortende oder Pause aus der individuellen Metrik von Gedichten hervorgeht[31] – zur analogen Verwendung innerhalb dieser Denkschrift liegt nah, weil die Einheit des Gedichtes (ähnlich dem betriebswirtschaftlichen Operationsgebiet) nicht gespalten wird, sondern durch diese kleinen Einschnitte und Veränderungen die berühmten Worte: „...*nicht was, sondern wie...*"[32] tangieren. Hier wird also <u>nicht</u> gefragt: Was soll umgesetzt werden? – da dieser Bereich zumeist bereits besteht (z.B. Verkauf von Waren oder Angebot von Dienstleistungen), sondern: Wie soll dieser Akt umgesetzt werden? – denn nur so lassen sich vorhandene Ressourcen effektiver einsetzen.

Die reliable Erkennung dieses Einschnittes ist zumeist wenigen einzelnen Experten vorbehalten, welche sich systematisch tief mit einem sich im Wandel befindenden Themenkomplex befassen.[33]

Leider lassen sich aus diesen Erklärungen keine Anhaltspunkte oder Merkmale entnehmen, ob einem Bruch oder einer Zäsur eine Kenntnis der Verfahrensweise (welche es zu brechen gilt) vorausgeht. Ebenso wenig ist die sanktionierende Strafe ohne Intensitätsgrade festgelegt, sodass ein Abschätzen der Strafe als Schwierigkeit angesehen werden muss.

Zusammenfassend ist zu konstatieren, dass ein Bruch jedweder Art, eine komplette Teilung, eine irreversible Diversität beziehungsweise eine Pluralität aus der Ganzheitlichkeit darstellt. Diese Brucheigenheit ist ein Malus, den die Zäsur nicht besitzt. Hier wird ein etabliertes Regelsystem nur partiell verletzt[34], sodass der System-

---

[31] Vgl. Frey (1996, S. 24)

[32] Kiesewetter (1791, S. 84); Figl/Klein (2002, S. 177); Hartmann (2008, S. 37)

[33] Vgl. Piper (2009, S. 66 ff.)

Anmerkung des Verfassers: Auch hier soll unter Zuhilfenahme des Beispiels von Edward Gramlich, der 2005 Vorstandsmitglied des »Board of Governors of the Federal Reserve« war, die erhobene Hypothese gestützt werden. Er (allein) warnte vor der damals herrschenden Spekulationsblase und damit bevorstehenden Subprime- Hypothekenkrise auf dem amerikanischen Kreditgebungsmarkt. Als bemerkenswert zu deklarieren ist, dass der Einschnitt beim Erkennen noch nicht vorlag, sondern gefordert wurde. Zum Bruch mit den Vergabeverfahren hätte es kommen können, wenn Alan Greenspan – zu jenem Zeitpunkt auch Vorstandsmitglied der Federal Reserve – die Warnung beherzigt und in die Gremien der Federal Reserve getragen hätte.

charakter gewahrt wird. Einzig die Notwendigkeit der engen Verquickung des Marktakteurs mit dem zu verletzenden Systems stellt einen Negativpunkt dar.

2.4   Der Begriff des »Erfolgs«

Es wurde vorangehend die »Regel«, die »Norm«, der »Bruch« und die »Zäsur« definiert und voneinander unterschieden. Auffallend ist nunmehr, dass in der Literatur ein Regelbruch stets als »Erfolg versprechend« deklariert wird. Doch wie ist Erfolg zu definieren? Zum wiederholten Male setzen die Autoren solcher vermeintlich aufklärenden Werke[35] ein allgemeines Verständnis von Erfolg voraus. Im *Modus operandi* singularisiert sich die Denkweise in der Annahme, dass es nur einen oder den Erfolg geben kann.

Um diesem Irrgang entgegenzuwirken, sollen die nachfolgenden drei Definitionen als Prüfkriterien gelten, um von Erfolg sprechen zu können.

So wird in der ersten Definition „*...das Erreichen der selbst gesetzten Ziele Erfolg [genannt], unabhängig davon, worauf sich diese Ziele richten.*"[36] De facto ist zu bemerken, dass diese sehr allgemein gehaltene Definition Ziele als Referenzwert vorschlägt, die selbst festgelegt worden sind. Es manifestiert sich das Ziel in Bezug auf die Mikroebene jeder Organisation (der Mensch) und nicht auf eine operationalisierbare Metaebene. Eine zweite konsolidierte Definition geht schon erheblich weiter und tangiert drei Dimensionen (Sachebene, Sozialebene und Individualebene): „*Sachliche Maßstäbe möglichst gut erfüllen![...]Besser sein als andere![...]Besser sein als bisher!*"[37], trotzdem bleiben alle drei Diskriminierungsversuche unscharf, aber zweckmäßig! Es werden nicht mehr die eigenen Ziele im Fokus behalten, sondern Ziele, die von externen Entitäten ausgehend, erkannt wurden und eine Internalisierung erfahren haben. Dass die Ausrichtung an externen Maßgebern des gleichen Operationsbereiches nicht immer Erfolg versprechend sein muss, zeigt ein umschriebenes Beispiel (siehe Kapitel 3.1). Jedoch sollte hier *notabene* festgehalten werden, dass der Komparativ: »besser«

---

[34] Anmerkung des Verfassers: Paul Feyerabend beschrieb in seinem Buch »Erkenntnis für freie Menschen«, der metaphorische Motor der Wissenschaft sei das Regeln verletzen und nicht das Regeln brechen! Vgl. Feyerabend (1979, S. 14)

[35] Vgl. Winter (2008, S. 30 ff. / S. 62 ff.); Vgl. Bickhoff (2009, S. 19 ff.); Vgl. Bagusat (2004, S. 80)

[36] Martens/Kuhl (2009, S. 35)

[37] Kühn/Platte/Wottawa (2006, S. 164)

den ersten Grad einer Steigerung ausdrückt, der in Zielrichtung tendiert. Die Erfüllung eines Zieles stellt – ausgehend von einem Ausgangszustand – eine Veränderung dar. Um diese Veränderungen erfassen zu können, bedarf es eines Mediums, welches einen bewertenden Charakter sowie eine stetige Verteilung besitzt. *Summa summarum* ist die Einführung eines Preises unumgänglich. Denn erst mit der Implikation der Omnipotenz aller Preisfunktionen, z.B. der:

- Koordinationsfunktion,
- Selektionsfunktion,
- Bewertungsfunktion,
- Informationsfunktion und

- Allokationsfunktion,
- Innovationsfunktion,
- Anreizfunktion,
- Lenkungsfunktion[38]

kann eine neutrale vergleichende Instanz generiert werden. Diese Denkart sollte die Inkludierung einer buchhalterischen Definition substanziieren. Demnach ist der *„Erfolg, [eine] Führungsgröße, die sich aus dem Saldo einer positiven und negativen Erfolgsgröße ergibt."[39]* Abermals ist die selektierte Definition nicht eindeutig, aber zweckmäßig! Die semantische Mächtigkeit des Wortes »Erfolgsgröße« lässt Spielraum für Deutungen und Annahmen offen. So kann beispielsweise der Gewinn, das strategisches Verhalten, die Kundenloyalität, das Firmenimage und sogar die Bewertung des Wissens von Mitarbeitern (das so genannte: »Humankapital«) unter den Begriff subsumiert werden.[40] Unterstützend kommt hinzu, dass der Erfolg stets als Saldo von positiven und negativen Einflüssen kalkuliert ist, sodass keine stringent positive Richtung – weil Ziele nicht immer erreicht werden können – gegeben ist. Dennoch sollte der Erfolgsgrößensaldo positiv sein, um einen Erfolg konstatieren zu können.

---

[38] Vgl. Rothenberger (2005, S. 102 f.)
[39] Becker/Lutz (2007, S. 67)
[40] Vgl. Steffenhagen (2008, S. 63); Vgl. Kappe (2007, S. 1 f.); Vgl. Edingloh (2004, S.17 f.); Vgl. Hüttl (2005, S. 83); Vgl. Weser (2011, S. 46 ff.)

Zusammenfassend lässt sich das Wort »Erfolg«, welches eine erste Symbolisierung durch die Steigerung von »gut« (besser) erfahren hat, als eine dynamische und positiv zielgerichtete Erweiterung von geldlich bewerteten, physischen und metaphysischen Existenzialien bestimmen, die ähnlich den positiven Grenzraten des technologischen Fortschritts einer Volkswirtschaft, einen Mehrwert generieren, der die Bildung von Investitionszyklen unterstützen kann.[41]

---

[41] Vgl. Weder (1999, S. 77 f.)

3. Eine Auswahl bifurkatorischer Signale

Nachdem alle nötigen Begriffsbestimmungen dargestellt und festgehalten wurden, gilt es nunmehr den Fokus auf die Signale oder Impulse zu lenken, die eine teilende und separierende Wirkung auf den Entstehungs- und Entwicklungsprozess – *in puncto* Erfolg oder Misserfolg – einer Unternehmung evozieren können. Der sukzessive Aufbau beginnt mit einem Signal aus dem Umfeld eines Unternehmens, welches die Konkurrenz tangiert. Hiernach wurde ein verbindendes Element (die Information) gewählt, welches einen kommunikativen Austausch zwischen Umwelt und Umfeld einer Unternehmung begünstigen und Transparenz schaffen kann. Endlich, bezieht sich das dritte Signal alleinig auf die humanoiden Konsumenten der geschaffenen Produkte oder Dienstleistungen.

Alle aufgeführten Signale sind als vorgelagerte Additive zu dem Kapitel 4 zu betrachten.

3.1 Das konkurrenzorientierte Signal

Um ein konkurrenzorientiertes Signal erfolgreich deuten zu können, bedarf es einer konsequenten Beobachtung der Marktentwicklung anderer branchenähnlicher Marktteilnehmer (z.B. mittels eines Benchmarking),[42] die eine analoge interne Struktur aufweisen wie die zu infiltrierende Branche.[43] So ist die direkte Konkurrenz, welche primär und sekundär den Vergleich zur eigenen Marktstellung ermöglicht, nur bedingt das Mittel der Wahl. Jedoch sollte sie ebenfalls einer genauen Analyse unterzogen werden, um Entwicklungstendenzen oder Entwicklungsstillstände zu konstatieren. Sollte die Zielbranche eine relativ lange Zeit ohne markante Veränderungen existiert haben (z.B. die Apothekenbranche), und sich in der ähnlichen adaptionsfähigen Branche (z.B. Discountmärkte) ein Konzept – das von den Konsumenten angenommen zu sein scheint – etabliert haben, so erscheint es sinnvoll einen von der Gegenbranche entlehn-

---

[42] Vgl. Dreger (1999, S. 297)
[43] Vgl. Kleinaltenkamp (2002, S. 86)

ten Trend zu übernehmen und auf die eigene Branche zu assimilieren (siehe Kapitel 4.1).[44] Als zweites Beispiel sei die »Southwest Airline« zu benennen, die bewusst kein brancheninternes Benchmarking realisierte, sondern die Fokussierung systematisch auf andere Branchen richtete, die einem äquivalenten Nutzen zur eigenen Leistung entsprachen. So gelang es der Airline, einen neuen Kundenkreis (bisherige PKW-Fahrer) zu aktivieren.[45]

Dass einseitige Konkurrenzorientierung sogar eine schädigende Wirkung innehaben kann, beweist das Beispiel von Siemens, bei dem Analysten nach einem brancheninternen Benchmarking eine Desinvestition im Bereich Information und Kommunikation forderten. Nunmehr repräsentiert diese Sparte den ertragsreichsten Bereich vieler Unternehmen.[46]

Diese Aufzählung zeigt, dass eine Analyse sowie die branchenexternen Strukturen und Vorgehensweisen nicht auf triviale Art und Weise adaptierbar sind. Andere Branchen benutzen andere Technologien, welche andere Lösungen generieren und eine Inkommodität oder Nonkonformität implizieren kann.[47] Zudem könnte die Bedrohung beziehungsweise die Bedeutung der Konkurrenz aus anderen Branchen verkannt werden, da jene Konkurrenz nur ein Element in einer zumeist schlecht elaborierbaren Wertekette darstellt.[48]

Schließlich lässt sich der ungewisse Ausgang einer brancheninternen Implementierung der branchenexternen Struktur als bifurkativer *modus vivendi* beschreiben, der entweder Erfolg oder Misserfolg bedeuten kann.

---

[44] Vgl. Förster/Kreuz (2007, S. 25)
[45] Vgl. Skierlo (2011, S. 6)
[46] Vgl. Kraus (2005, S. 2)
[47] Vgl. Langbehn (2010, S. 338)
[48] Vgl. Pechlaner/Matzler (2001, S. 245 f.)

3.2 Das informationsorientierte Signal

Nachdem die Konkurrenz näher beleuchtet wurde, gilt es sich dem verbindenden Element jeglicher Kommunikation (die Information) oder der informativen Übereinkunft zuzuwenden.[49] Ein Vertragsschluss und damit ein Verkauf kommt nur zustande, wenn sich Verkäufer und Käufer über Verhandlungspunkte, die mit Informationen beschrieben werden können, einig sind. Dass jede Vertragspartei aus einem anderen Fundus von Informationen schöpfen kann, ist grundlegend annehmbar, da der Zugang oder die Erhebung von Informationen verschieden sind. Mit der Entwicklung der mondialen netzbasierten Virtualität, die eine rasante Informationsgewinnung und -verfügung offeriert und zum Teil bestehende Informationsasymmetrien neutralisiert, könnte mittels einer offenen Informationspolitik seitens des Anbieters Vertrauen beim Kunden aufgebaut werden. Zudem sollte in aller Deutlichkeit erwähnt werden, dass eine völlige Transparenz sowie ganzheitliches Vertrauen nicht erreicht werden kann.[50]

Eingehende Beispiele sind der Onlinehandel, Marktforschungsergebnisse und Börsendaten, wobei die Kunden auf die Informationsangaben des Herstellers oder Anbieters angewiesen sind beziehungsweise darauf Vertrauen müssen. Transparenz und Vertrauen sowie Vorbeugung einer »negativen Selektion« können durch Garantien, Erfahrungsberichte, Reputationen, Gewährleistungen und Lizenzen geschaffen werden.[51]

Nachdem sich die Firmen immer mehr innerhalb der sozialen Netzwerke und damit in das völkische Leben implementiert haben, erwächst nunmehr eine neue Gefahr zur grenzenlosen Informationsgewinnung. Durch den Dienstleister »Social Media Group« in Verbindung mit der sozialen Medienplattform »Google+«[52], wird es Firmen ermöglicht, bestimmten Gruppen von Kunden – so genannten: »circles« – den Zugang zu bestimmten Informationen zu arrangieren, wonach selektiv Vertrauen geschaffen

---

[49] Vgl. Lehnerer (2009, S. 15)
[50] Vgl. Sell (2004, S. 402 f.)
[51] Vgl. Wankhade/Dabade (2010, S. 17); Vgl. Linde (2008, S. 35 f.)
Anmerkung des Verfassers: Hier wird auf das »lemon and plum« Beispiel Akerlofs aus dem Jahre 1970 verwiesen, bei dem sich der Kunde durch die Bildung eines Erwartungswertes zunächst ausschließlich für die »lemons« (also die Schlecht-Güter) entscheiden und keine »plums« (also die hochwertigen Güter) kaufen würde. Der Markt würde versagen, d.h. ein Zusammenbruch des Marktes wäre die Folge. Aufhaltbar mit dem im Beispiel titulierten beziehungsweise mit den oben genannten Mechanismen. Vgl. Akerlof (1970, S. 488 ff.)
[52] Vgl. smg (2011); Vgl. YouTube (2011)

werden kann.[53] Wird der bare Gehalt dieser Aussage erhört, so kann früher oder später ein Vertrauensverlust innerhalb aller Zielgruppen die Folge sein!

Zusammenfassend lässt sich subsumieren, dass das informationsbasierte Signal unter zu Hilfenahme des Internets einen Bifurkationspunkt darstellen kann, weil asymmetrische Informationsverteilungen aufgehoben werden könnten und die zu schaffende Transparenz über Erfolg und Misserfolg entscheiden könnte.

3.3 Das humanorientierte Signal

Im letzten Kapitel avanciert das entscheidungsmächtige Individuum, der beeinflussbare Menschen oder das humanoide Wesen als Empfänger oder Käufer von homogenen Waren und Dienstleistungen (Voraussetzung: direktes Abnehmer-Lieferanten-Verhältnis) in den Fokus von Umsatz- und Gewinnsteigerungsintendierter Unternehmen, welche zu glauben pflegten, lediglich den Preis als steuernden Parameter zu besitzen. Der T*erminus technicus* dieser Konstellation lautet: »Commodity Marketing«.[54]

Der Autor hält es für zumutbar, dem aufmerksamen und kritischen Leser folgende Frage zu unterstellen: »Welcher Faktor kann innerhalb einer putatitiv undiversifizierbaren Umgebung diversifizierend wirken?« — unter der Restriktion, dass homogene und leicht substituierbare Güter angeboten werden (z.B. der Strommarkt, Müllmarkt). Als trivialer deduktiver Schluss (oder logisches Residual) aus einer bivalenten interdependenten Beziehung, bei der der Lieferant einen *ceteris paribus* Parameter impliziert, ist der Käufer jener, welcher mittels der Unterstützung einer emotionalen Bindung zum Kauf »aktiviert« werden muss.

Zwei Beispiele skizzieren die Umsetzung einer emotionalen Markenaufladung. Zum einen ist der Stromanbieter »Yello Strom« zu benennen, der ab dem Jahre 2005 konsequent emotionsaufbauende Kampagnen in den Massenmedien inszenierte, um nach einer Fundierungs- und Etablierungsphase die konsekutive Kommunikations-

---

[53] Vgl. smg (2009)
[54] Vgl. Enke/Reimann/Geigenmüller (2005, S. 27 f.)

phase zu initiieren. Diese generiert ein konsistentes Markenimage und eine Verbrauchermotivation – einhergehend mit einer kognitiven Dissonanzminderung.[55] Zum anderen profiliert sich der Mineralwasseranbieter »Evian« im Jahr 2003 – als einer der ersten Mineralwasseranbieter – bewusst mit einer emotionalen Markenaufladung. Versprach doch das Wasser: Gesundheit und eine Quelle der Jugend zu sein.[56] Unterstellbar bleibt, dass die Marke nur mit der gleichzeitigen Einführung einer schlank körperlichen Ästhetik der Flasche, verbunden mit einer originellen und funktionellen Haptik, die Demarkation von der Konkurrenz erreichte.[57] An dieser Stelle sollte desillusioniert und betont werden: Es handelt sich lediglich um Wasser! Eine stabile dipolare Molekül-Verbindung zweier Elemente des Periodensystems, welche als lebensnotwendiges Transport- und Lösungsmittel fungieren.[58]

Nunmehr kann festgehalten werden, dass die emotional affektierte Aktivierung in Verbindung mit einer einheitlichen Corporate Communication einen Bifurkationspunkt darstellen kann, der über Erfolg und Misserfolg entscheiden kann.

---

[55] Vgl. Schmidt/Vest (2010, S. 161 ff.)
[56] Vgl. Langhammer (2005, S. 5)
[57] Vgl. Gobé (2009, S. XXIX/S. 203)
[58] Vgl. Moore/ Langley (2009, S. 37 f.)

4. Die selektierten Beispiele für Zäsuren und einen Bruch

Innerhalb dieses Kapitels soll mittels Beispielen gezeigt werden, dass sich die Zäsur weiter diversifizieren kann und nicht jede Zäsur zum Bruch eskalieren muss. Um den betriebswirtschaftlichen Grundcharakter zu wahren, wurden nur Beispiele selektiert, welche bis dato am Markt bestehen (eventuell unter anderem Firmennamen – z.B. Wunderloop) und einen Transformationsprozess eingeleitet haben. Die adaptive Zäsur wird mit der Erfindung der easyApotheke belegt, die alternierende Zäsur mit dem Unternehmen Wunderloop und die addierende Zäsur mit Carglass. Dies ist ein wichtiger Part, da die Theorie am Beispiel standhalten muss.

4.1 Die adaptive Zäsur – am Beispiel der easyApotheke

Die adaptive Zäsur soll anhand des Konzeptes der easyApotheke erörtert und näher ausgeführt werden. Doch zuvörderst ist es von Nöten ein gewisses Hintergrundswissen darzulegen, damit deduktive Schlüsse gezogen werden können.

Als Spiritus Rector fungierte Oliver Blume, der im Jahr 2006 – nach einem vorherigen erfolglosen Etablierungsversuch einer Versandapotheke *via* eBay – die erste Discountapotheke eröffnete sowie die easyApotheke Kooperationsgesellschaft mbH gründete. Nachdem zwei Jahre später ca. 30 Apotheken das immergleiche Konzept übernommen hatten, wurde die GmbH in eine (Holding) AG transformiert, welche die grundlegende und drei Tochtergesellschaften implizierte:

- die easyApotheke Kooperationsgesellschaft mbH,

- die easyApotheke Versandhandel GmbH,

- die easyApotheke Immobilienentwicklung und Verwaltung GmbH,

- die easyApotheke Trade Marketing GmbH.

Dieser Zusammenschluss war sinnvoll, da alle Kompetenzen singularisiert wirken können. Nunmehr umfasst das Imperium ca. 54 Apotheken, wobei Oliver Blume Hauptaktionär und Vorstandsvorsitzender ist.[59]

Das easyApotheke Erfolgskonzept verfolgt konsequent und geradlinig den Discountgedanken...

Unser Konzept

- Nicht begrenzt auf klassische Apothekenstandorte
- Intelligenter Ladenbau mit Kundenführung
- Funktionale und barrierefreie Innenausstattung
- Schlanke Prozesse durch Ladenbau, Kommissionierautomat und Checkout-Kasse
- Breites und tiefes Marken-Vollsortiment
- Diametrale Umsatzverteilung mit Schwerpunkt auf OTC- und Freiwahlsortiment (und damit unabhängiger von politischer Einflussnahme)
- Dauerniedrigpreise auf das gesamte rezeptfreie Sortiment
- Proaktives frech-sympathisches Marketing
- Attraktive Industriekonditionen und Werbekooperationen
- Abverkaufsorientiertes Category Management
- Ausrichtung auf starke Kundenfrequenz
- Kostenführerschaft beim Ladenbau

... ohne an der Qualität zu sparen:

- Intensive Kundenberatung durch optimierte Prozesse
- Hoher Qualifizierungsgrad des Fachpersonals durch easyAkademie
- easyApotheke-eigenes Qualitätsmanagementsystem nach DIN EN ISO 9001:2008
- Starker Fokus auf Markenprodukte in der Sicht- und Freiwahl

Abb. 2: Konzept der easyApotheke Kooperationsgesellschaft mbH
Quelle: easyApotheke (2010, Image- Broschüre)

Das Konzept besteht, wenn alle Einzelfaktoren (siehe Abb. 2) zu wenigen Punkten konsolidiert werden würden, aus dem **Lean- Management Ansatz**. Dieser wirbt – um einen präzisen Wortlaut Blumes zu folgen – mit der *„Ausschöpfung der wirtschaftlichen Potentiale"*[60] und trifft den thematischen Kern sehr gut. Beispielhaft sind hier die Kostenführerschaft im konsum- und shoppingorientierten Ladenbau, weil die Regale keine individuellen Holzkonstruktionen mehr sind, sondern einheitliche Stahlgerüste mit Schütten, die zum Impulskauf animieren. Der Ladenbau impliziert die Installa-

---

[59] Vgl. easyapotheke (2010)
[60] easyApotheke (2010, Imagebroschüre)

tion und Nutzung eines Kommissionierautomats, der die Medikamente zum Apotheker befördert, damit eine durchgehende Anwesenheit beim Kunden wahrgenommen werden kann.

Des Weiteren wird das **Franchise-Konzept** verfolgt, weil die Bildung von Apotheken-ketten nach Urteil des Europäischen Gerichtshofs (EuGH) einem Verbot unterliegt. Genauer gesagt, bestätigte der EuGH das Fremdbesitzverbot, welches lediglich appro-bierten Pharmazeuten den Besitz und die Führung einer Apotheke einräumt.[61] Jedoch lässt das einheitliche äußere Erscheinungsbild auf eine Kette schließen und dass dieses Konzept nicht von Nachteil sein muss, zeigten bisher vor allem amerikanische Speziali-tätenrestaurants der schnellen Speisenzubereitung.[62] Mannigfaltig unterstützt wird der Franchisenehmer im:

- Marketing,

  mittels Public-Events, Gemeinschaftswerbung, standortbezogener Bereitstellung und Verteilung von Angebots-Flyern und Außenwerbung (Verkehrsmittel, Lit-fasssäulen)

- Standort,

  mittels einer Standortsuche, -bewertung und -rentabilitätsrechnung, sowie einer Baubegleitung und kompletter Ladeneinrichtung

- Betrieb,

  mittels Unterstützung im Einkauf, durch Direktkonditionen mit der Industrie o-der netzwerkbasierte Übermittlung von Überständen anderer Apotheken[63]

Schließlich avanciert das **Discountangebot** zum dritten Themenpunkt, welcher Dauer-niedrigpreise, breites und tiefes Markensortiment und Schwerpunktlegung auf freiver-käufliche Waren impliziert. Es ergibt sich aus dem letzteren eine willentliche Teilung, da nichtrezeptpflichtige Arzneimittel – so genannte: over-the-counter (OTC) Arzneimit-tel – keiner Preisbindung unterliegen und somit den Hauptumsatz generieren.[64] Anders verhält es sich mit den rezeptpflichtigen Arzneimitteln. Hier kann der Anbieter (die Apotheke) lediglich einen »Bagatellbetrag« als Rabatt oder Gutschrift gewähren,

---

[61] Vgl. aerzteblatt.de (2009)
[62] Vgl. Werner (2007, S. 6)
[63] Vgl. easyApotheke (2010, Imagebroschüre)
[64] Vgl. easyApotheke (2010, Imagebroschüre)

welcher mit einer relativ gering gestreuten Bandbreite um einen Euro liegen kann. Fünf Euro wären laut Bundesgerichtshofurteil nicht mehr zulässig.[65]

Nunmehr stellt sich die Frage: Warum stellt die Konzeption der easyapotheke Kooperationsgesellschaft mbH keinen »Regelbruch« dar?

Auf den ersten Blick könnte von einem »Bruch« ausgegangen werden, weil die in Kapitel 2.3 erwähnte »Strafe« (die auf einen Bruch folgt) erwartet wurde und tatsächlich eingetreten ist. So erklärte sich der Anwalt Blumes in der FINANCIAL TIMES DEUTSCHLAND: *„Wir hätten nicht gedacht, dass die Reaktion so hart sein wird, wie sie zeitweise gekommen ist"*[66]. Wenn der zugeneigte Leser eine enger gedachte Hermeneutik zulässt, könnte man deuten, dass Blume mit einer geringeren Strafe (mit simultaner Nichtkenntnis der Erfolgswirkung) gerechnet hat. Des Weiteren lässt sich

- die zeitweise Nichtbelieferung einer easyApotheke,

- ein Zusammenschluss von 31 Apotheken zur rechtswidrigen preisabsprechenden Marketinggemeinschaft,

- persönliche Drohungen und Sachbeschädigungen

unter den Widerstand und unter den Begriff der »Strafe« subsumieren.[67]

Auf den zweiten Blick wird jedoch deutlich, dass die zweite Komponente – namentlich: ‚das Abbrechen einer Verbindung, Beziehung' – nicht erfüllt ist. Die easyApotheke ist weiterhin eine Apotheke, welche sich in den Reigen aller Apotheken integriert. Die Konzeption, Vereinheitlichung und konsumprozessuale Ausrichtung[68] markiert lediglich einen Einschnitt, also eine Zäsur, da die Funktion der easyApotheke äquivalent zur Konkurrenzapotheke besteht und nur die Umsetzung variiert. Unumstritten ist, dass sie Synergieeffekte aus der Konsolidierung mehrerer spezialisierter Unternehmensfunktionen erhebt und somit einen großen Marktanteil generieren kann.

---

[65] Vgl. absatzwirtschaft.de (2010)
[66] Spanner (2008, S. 26)
[67] Vgl. Spanner (2008, S. 26); Vgl. Baldauf (2008, BILD)
[68] Anmerkung des Verfassers: Herr Blume wies mehrmals in Interviews: Vgl. Spanner (2008, S. 26) oder Präsentationen: Vgl. YouTube (2008b); Vgl. YouTube (2010b); Vgl. easyApotheke (2010, Imagebroschüre) auf den Shopping-Aspekt mit den impliziten Impulskäufen und den hieraus resultierenden hohen Gewinnmargen hin.

Rekapitulierend lässt sich die Beweisführung zur Adaptivität der Zäsur, also inwieweit sich die erklärten Konzeptideen – die vorhandenen Strukturen verändernd – anpassen, auf drei große Kernpunkte simplifizieren. Das bestehende Apothekenkonzept wurde anhand des **Lean-Management Ansatzes** (das Ausnutzen vorhandener Ressourcen) »verschlankt«, sodass anfallende Kosten für eine aufwendige Ladengestaltung und singulärunternehmerische Marketingaktionen, eingespart werden können. Ergänzend ist das **Franchise-Konzept** (Marken- und Konzeptrechtsvergabe an souverän unabhängige Unternehmer) zu benennen, welches sich auf dem Markt bereits etablierte. Endlich bildet das **Discountangebot** (Preispolitik mit Niedrigpreisen) das letzte Faktum, welches Aldi erfolgreich umsetzt. Nunmehr entsteht durch die Interdependenz aller drei Faktoren eine Effizienz, welche enorme Gewinnresiduale präzisieren und hohe Margen realisieren kann, die keine *„durchschnittliche Premium-Apotheke"*[69] erreicht. Zudem ist die Entwicklung zur »easyApotheke compact« bemerkenswert, die keinen Neubau erfordert, sondern Stadtkernnahe Kleinapotheken (unter Berücksichtigung aller easyApotheke-Faktoren, jedoch mit kleinerem OTC-Bereich) umrüstet. Diese Zäsur der Zäsur wäre nicht möglich, wenn die Hauptmarke nicht einen festen Stand erreicht hätte.[70]

Kritisch bleibt zu bemerken, dass die Konzeption der easyApotheke sowie anderer Kooperations- oder Franchisegemeinschaften die ordinäre Apotheke zu einem hohen Maß verdrängt[71], jedoch nicht wird ersetzen können, weil das Gros der Kunden stets die gleiche Apotheke aufsucht und auf die sofortige Verfügbarkeit von verschreibungspflichtigen Medikamenten angewiesen ist. Zudem könnte das steigende Alter der Bevölkerung als Antagonismus gewertet werden. Betagte Menschen sehnen sich nicht nach einem Discounter, sondern nach einer fürsorglich protegierenden Umgebung, die eine kompetente Beratung zur möglichen Multimorbidität verschiedener Arzneimittel ermöglicht, zudem *via* öffentlicher Verkehrsmittel leicht erreichbar und seniorengerecht eingerichtet ist. Hier seien beispielhaft die automatischen schwellenlosen Türen, die breiten Gänge, die geräumige Ladenbauweise und das stützende Brett vor dem Handverkaufstisch zu erwähnen, welche die easyApotheke zum Teil bewusst vernachlässigt.[72]

---

[69] YouTube (2010b)
[70] Vgl. easyapotheke (2010, Pressemappe); Vgl. YouTube (2010b)
[71] Vgl. Remmert (2010)
[72] Vgl. Schramm (2011, S. 69 ff.)

4.2   Die alternierende Zäsur – am Beispiel von Wunderloop

Abermals soll mit grundlegenden Informationen zur Firma »Wunderloop« gestartet werden, damit ein umfassender Erkenntnisgewinn ermöglicht wird. Die Firma »7d«, welche 1999 von Ullrich Hegge gegründet wurde, benannte sich im Jahr 2006 in »Wunderloop« um. Mit einer Internationalisierungsstrategie sollte eine Markenwirksamkeit erreicht werden.[73] Die Expansion und Internationalisierung, welche chronisch geordnet über Italien, China, London, USA und Kanada führte[74], sollte der Firma eine führende Marktposition einbringen. Mit dem Zusammenschluss von vier Targeting-Unternehmen:

- Gruner + Jahr EMS (G+J Electronic Media Sales),
- SevenOneMedia (Pro Sieben Sat1),
- IP Deutschland (RTL),
- Tomorrow Focus (Hubert Burda Media),

zu »AdAudience«, die Wunderloop als externen Analysten engagierten und involvierten, der das Surfverhalten der Kunden erhob und anonymisiert bereitstellte, sollte eine Antipode Machtstellung zum stärksten individualen Behavioral-Targeting-Konkurrenten »google« forciert werden.[75] Mitte des Jahres 2010 meldete sich Wunderloop insolvent. Die mutmaßlichen Gründe seien die große Kundenbasis, sowie eine zu üppige interne Aufstellung.[76] Das amerikanische Unternehmen »AudienceScience« kaufte und integrierte Wunderloop auf dem amerikanischen Markt. Nunmehr folgt das Unternehmen dem Trend des Lean-Management und verschlankt mittels weltweiten Stellenabbaus seine Strukturen.[77]

---

[73] Vgl. Kontakter (2006, S. 34)
[74] Vgl. Radvilas (2007, S. 39); Vgl. HORIZONT (2009, S. 22)
[75] Vgl. Fösken (2010, S. 54 f.)
[76] Vgl. Neises (2011, S. 18); Vgl. Meier (2010, S. 33)
[77] Vgl. Kontakter (2010, S. 19); Vgl. Neises (2011, S. 18)

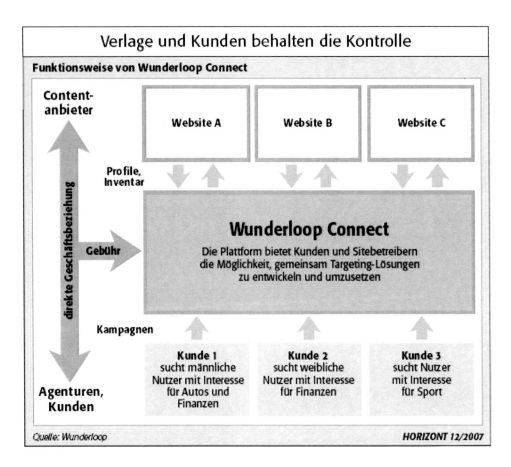

Abb. 3: Das Konzept von Wunderloop Connect

Quelle: HORIZONT (2007, S. 39)

Das Grundkonzept von Wunderloop (siehe Abb. 3) symbolisiert die modulare Software: »Connect« als Intermediäre, welche Informationen und Daten aus dem Behavioral Targeting, dem Predictive Targeting, dem Geotargeting sowie dem Keyword Targeting eines Internetnutzers akkumuliert und zu einem anonymisierten Nutzerprofil konsolidiert[78], welches an Geschäftskunden zum individualisierten Advertising verkauft wird.[79] Wunderloop repräsentiert *per se* die zentrale verbindende Schnittmenge in einer

---

[78] Anmerkung des Verfassers: Um dieses Vorhaben auf eine enorme Bandbreite erweitern zu können, ist keine direkte Befragung des Nutzers mehr nötig (Predictive Targeting). Algorithmen berechnen typische User anhand des Klickverhaltens. Dieses individuell typisierte Klickverhalten dient als Vorlage, um Nichtauskunftswillige Internetnutzer trotzdem zu typisieren. Das Verfahren ist besonders für Kunden aus dem »fast-moving-consumer-good« zu empfehlen.
Vgl. Wahl (2007, S. 76); Vgl. YouTube (2008a)
[79] Vgl. Radvilas (2007, S. 39); Vgl. werben & verkaufen (2007, S. 61)

B2B2C-Beziehung[80], welche *„an Gewohnheiten und Vorlieben orientiert ist."*[81], um den Internetnutzer bei erneutem Besuchen der Website, relevante und personalisierte Displaywerbung einzublenden.

Ist dieses veränderte Werbeverfahren ein »Regelbruch« oder eine weitere »Zäsur«? Vor der Erfindung von Wunderloop wurde die Werbebranche durch einheitliche Massenwerbung dominiert. Dieses Verfahren stellte die »Regel« dar, bei der der Werbende allgemeine Anzeigen in vormals vorherrschenden Medien (Fernsehen, Zeitung) platzierte und mit einem gewissen Zeitverzug eine Rückmeldung zur Wirksamkeit erhielt.[82] Eine erste Zäsur bestand darin, aus der zu bewerbenden Masse bestimmte Zielgruppen, mittels Target-Group-Planning-Systemen (TGP) zu filtern, wobei die Anonymität der Beworbenen beiden Verfahren noch eigen ist.[83] Erst mit der totalen Profilierung von Nutzern, einhergehend mit der anpassbaren Individualisierung der Werbeinhalte, erfährt die segmentiert diversifizierte Zäsur ein alternierendes Moment, welches nunmehr explizit Internetnutzer (die eine neue Zielgruppe repräsentieren) anspricht und sich zu einem »Regelbruch« verdichtet. Die Anonymität – ein Merkmal der »Masse«[84] – scheint nunmehr aufgehoben. Die Werbemöglichkeitenverschiebung mittels des technischen Fortschrittes zur permanent generierbaren singulären Zielgruppe stellt eine neue »Regel« dar. Schließlich besitzt die alte und neue Regel im Vergleich lediglich die Werbebranche als einziges verbindendes Element. Der findige und aufmerksame Leser erwartet an dieser Stelle die Benennung eines Strafaspektes (siehe Kapitel 2.1). Jener Punkt befindet sich in der Kritik (Paranoia) am Ende des Kapitels.

Zusammenfassend lässt sich der Erfolg dieses Prinzips auf drei Faktoren vereinfachen. Zum einen entsteht durch die Unterbindung der Massenwerbung eine **Streuverlustminimierung** sowie eine Senkung des **Tausend-Kontakte-Preises (TKP)**, weil die definierte Zielgruppe die Reichweite und Größendimension oder

---

[80] Anmerkung des Verfassers: Dieses Akronym bedeutet: Business-to-Business-to-Customer-Beziehung und erklärt Marktakteursinterdependenzen.
[81] Radvilas (2007, S. 39)
[82] Vgl. Carl/Fiedler/Jórasz/Kiesel (2008, S. 88)
[83] Vgl. werben & verkaufen (2007)
[84] Vgl. Geiger (1967, S. 192)

-ordnung determiniert, welche als Divisor eine maßgebliche Größe in der Berechnungs-
formel einnimmt.[85] Hierdurch können Werbekampagnen effektiver platziert werden.[86]
Zum anderen kann eine **arithmetisch unterstützte Entanonymisierung** der Zielgruppe
Präferenzen und Vorlieben eruieren, die die Werbekosten sowie die Werbewirkung
positiv beeinflussen können.

In aller Vorteilhaftigkeit sollten zwei Kritikpunkte nicht vernachlässig werden. *Per se*
inkludiert das Sammeln von Daten unter dem Datenschutzaspekt einen schmalen
Grat, der leicht entarten kann. Targeting-Firmen unterhalten zur eigenen Absicherung
externe Anonymisierungsdienstleister – sogenannte: »Anonymizer«[87] –, die persönliche
Daten wie z.B. die IP-Adresse, zuletzt benutzte Knotenpunkte oder Providerdaten
verschlüsseln oder austauschen.[88] Diese Eigenverpflichtung – namentlich: die proaktive
Teilnahme an einem Datenschutz- Audit (EuroPriSe) – dient in erster Linie zur Vertrau-
ens- und Transparenzbildung, sodass eine individuelle Werbung ohne Verletzung der
Privatsphäre annonciert werden kann.[89]

Dennoch fühlen sich, laut der »29. WWW-Benutzer-Analyse« des Marktforschungsun-
ternehmen »Fittkau & Maaß«, 66,6% aller Internetnutzer beobachtet und befürchten
eine Missachtung des Datenschutzes. Klinisch betrachtet beschreibt diese Geisteshal-
tung und Gefühlsartikulation die Grundzüge einer Paranoia![90] Lediglich 11,1% freuen
sich über diese Werbeform. Es lässt sich festhalten, dass sich das Gros der Internetnutzer belästigt oder gelangweilt[91] fühlt.[92]

Ferner regt sich Widerstand bei den geschäftlichen Kunden. Die Vermarkter fordern die
Einsicht in die Erstellung von Zielgruppenprofilen, um jene Qualität überprüfen zu
können.[93] Dass diese Forderung nicht im Sinne des Kunden – wie behauptet – sein

---

[85] Vgl. Kleinaltenkamp/Saab (2009, S. 118)
  Anmerkung des Verfassers: Aus didaktischen Gründen ist die Formel an diesem Platze
  eingefügt: TKP = (Kosten pro Belegung) / (Anzahl der potentiell erreichbaren Personen) * 1000.
[86] Vgl. Radvilas (2007, S. 39); Vgl. werben & verkaufen (2007)
  Anmerkung des Verfassers: In vorliegender Literatur betont der Webguerilla Chef, David Eicher, dass
  Streuverluste sowie der Tausend-Kontakte-Preis überholt seien. Er empfiehlt stringent nach »Marken-
  Fans« zu suchen, die mit einem Tausend-Gesprächs-Preis bewertet werden sollten. Zur Operationalisierung der Werbewirkung empfiehlt er Echtzeit-Monitoring und ein Gross-Involvement-Volumen. Vgl.
  Fösken (2010, S. 54 f.)
[87] Vgl. YouTube (2008a)
[88] Vgl. Volkmer/Singer (2008, S. 313)
[89] Vgl. Computer Zeitung (2008, S. 35)
[90] Vgl. Wittchen (1998, S. 363)
[91] Vgl. YouTube (2010a)
[92] Vgl. werben & verkaufen (2010, S. B14)
[93] Vgl. Fösken (2010, S. 54 f.)

kann, zeigt die Tatsache, dass die Kontrolle des Kontrolleurs (Beobachter des Beobachters) eine Kybernetik zweiter Ordnung abbildet.[94] Diese generiert nicht nur vermeidbare Redundanzen (Verwaltungsarbeit), sondern steht ebenfalls einem unbekannten, bewertenden ethischen Prüfmaßstab gegenüber. Er erzeugt keine Transparenz sondern Rückkopplungen und Wechselwirkungen, welche zum Chaos eskalieren können.

4.3 Die addierende Zäsur – am Beispiel von Carglass

Auch in diesem Beispiel soll der Einstieg in die Thematik durch eine chronologische Beschreibung der Historie der Firmen »Belron« und »Carglass« erleichtert werden. Im Jahre 1897 gründeten die Glashändler Jacobs & Dandor die Firma »Belron«, welche ein Jahr später in die »Plate Glass Company« umfirmiert wurde. Nach einer Spezialisierung in die Fahrzeug- und Sicherheitsglassparte (Ford und General Motors) und mehreren Fusionen mit Tochtergesellschaften dotierte sich der Konzern »Plate Glass & Shatterprufe Industries« 1947 an der Börse von Johannesburg (Südafrika). 1953 sicherte sich der Konzern das Recht an der Fertigungstechnologie von gebogenen Frontscheiben und 1958 von laminierten Heckscheiben. Die Expansion begann über Afrika (1962), Australien (1971), United Kingdom (1983 – ein Jahr zuvor wurden alle afrikanischen Glashersteller unter dem Namen »Solaglas« konsolidiert), Benelux (1987 – in diesem Jahr wurde die Firma »Carglass®« akquiriert), Frankreich und Deutschland (1990 – im selben Jahr wurde »Solaglas« wieder in »Belron« umbenannt[95]). Bis zum Jahr 2010 erreichte die Expansion von »Belron« Nordamerika, Europa und Asien, wobei sich das nunmehr weltweit operierende Tochterunternehmen »Carglass« auf das Reparieren und Austauschen von Auto-, Bus- und Schienenfahrzeugscheiben spezialisiert hat.[96] Doch wie war dieser schnelle Erfolg möglich?

---

[94] Vgl. Luhmann (2009, S. 141 f.); Vgl. Tandler (2010, S. 11)
[95] Vgl. Gale Directory of Company Histories (2011, Stichwort: Belron International Ltd.)
[96] Vgl. Carglass (2011); Vgl. Belron (2009)

U m dieser Frage eine erste Partialantwort zuzuführen, könnte das schematische
Konzept von »Carglass« einen ersten Hinweis liefern (siehe Abb. 4).

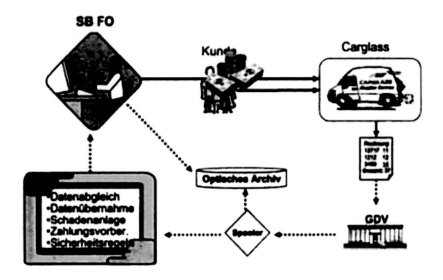

Abb. 4: Das Konzept von Carglass
Quelle: Tenbieg (2005, S. 184)

Der Kunde bildet den Ausgangspunkt des Kreislaufes, denn dieser initiiert den Impuls
zum Tausch oder einer Reparatur der Autoscheibe. Sollte der Initiator im Besitz einer
Kaskoversicherungspolice sein, wird es Carglass ermöglicht eine Rechnung an den
Gesamtverband der Deutschen Versicherungswirtschaft e.V. (GDV) zu senden, welche
die Rechnung automatisch an die zuständige Versicherung weiterleitet. Nunmehr
entscheidet ein Sachbearbeiter (SB) über die Zahlungsfreigabe. Bei Unstimmigkeiten
kann der SB ein optisches Archiv kontaktieren, welche als Stichprobenprüfung zur
Referenzbildung und zur Vorbeugung von Missbräuchen genutzt werden kann.[97] Es
kann unterstellt werden, dass das alte Konzept (duales Verhältnis zwischen Initiator und
Dienstleistungsanbieter; Geld gegen Dienstleistung) im Grunde weiterhin Bestand hat.
An der Tatsache des Tausches oder der Reparatur ändert sich nichts. Es wurde lediglich,
mittels Kooperationen zwischen Carglass und verschiedenen Versicherungs- gesell-
schaften[98] **aus dem Duett ein Terzett generiert**, bei dem die Initiierungsschwelle der
tauschwilligen Person gesenkt wurde. Der Anreiz, dass keine direkt zurechenbaren

---

[97] Vgl. Tenbieg (2005, S. 184)
[98] Vgl. Carglass (2011b, Kooperationen)

Einzelkosten im dualen Geschäft mit Carglass anfallen, sondern jährliche Gemeinkosten, die an die Versicherungen abzuführen sind, brilliert das Konzept und die Erträge.

Zudem trägt die Implementierung des **Franchise-Systems**, gepaart mit einer relativ geringen Misserfolgsverantwortung, zur schnellen Verbreitung des Konzeptes bei (siehe auch Kapitel 4.1).[99]

Das dritte und letzte Kriterium bildet die **gezielte offensive Werbung**. Carglass unterhielt 2006, mit einem Budget von 11,3 Millionen Euro[100], Millionen von Auto fahrenden Radiohörern. So wurde der kurze Spot bzw. Claim: *„Carglass repariert, Carglass tauscht aus"*[101] seit 1994 bewusst zu Hauptverkehrszeiten gesendet[102], um einen möglichst hohen Anteil der Zielgruppe (30 bis 49 jährige Autofahrer) zu erreichen. Eine Forsa-Umfrage (siehe Abb. 5) zeigt eindrucksvoll, welche enorme Grunddivergenz Carglass im Vergleich zur Konkurrenz inne hat. Zudem zeigt die Studie die Awareness-Steigerung, die eindeutig auf die Fernsehwerbung zurückzuführen ist, da in diesem Zeitraum keine anderen Werbemedien aktiviert wurden.[103]

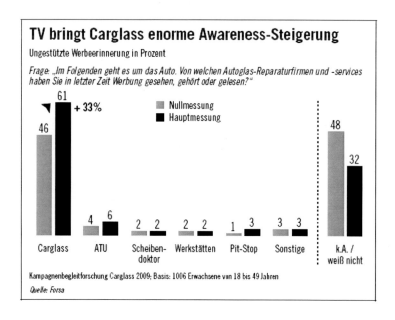

Abb. 5: Awareness-Steigerung von Carglass nach dem Start der TV-Werbung
Quelle: HORIZONT (2010, S. 12)

---

[99] Vgl. Stahel (2004, S. 26)
[100] Vgl. Peters (2008, S. 80)
[101] Kontakter (2009)
[102] Vgl. HORIZONT (1994, S. 25)
[103] Vgl. HORIZONT (2010, S. 12)

Ergänzend ist zu erwähnen, dass Carglass im Jahr 2007 einen Mechaniker als Testimonial einsetzte, der Authentizität und Glaubwürdigkeit erzeugen sollte und erzeugte. Umfragen von AS&S belegten drei Tage nach der Ausstrahlung und Aussendung, dass 86 Prozent den Mechaniker-Spot wahrgenommen haben und sich erinnerten.[104] Ebenso äußerte sich Torsten Müller, Marketingleiter von Carglass, dass mit dem Konzept kein „...Kreativ-Award,[zu gewinnen sei] dafür haben wir unseren Top of Mind um zwölf Prozentpunkte gesteigert. Und darauf kommt es an.“[105]

Nunmehr besteht die Möglichkeit, dass der kritische Leser Einwände erhebt, weil jener erkennt, dass dieses Terzett nicht die Via Regia darstellt, da jedem positiven Vorgang ein negativer Vorgang (Strafe) gegenübersteht. Deshalb sei an dieser Stelle erwähnt, dass jede Versicherung ein Risikokalkül durchführt, die eine Wahrscheinlichkeit für den Eintritt eines Ereignisses wiedergibt.[106] Sollte sich die Versicherung infolge unerwartet hoher Austauschvorgänge von Windschutzscheiben verkalkuliert haben existieren in letzter Ebene die Rückversicherer[107], bei denen sich die »Strafe« niederschlagen kann.

In der Gesamtheit der Sachlage lässt sich festhalten, dass das Beispiel Carglass keinen Regelbruch nach der in dieser Denkschrift niedergeschriebenen Definition darstellt, weil der Strafe, die einem Bruch gepaart ist, keine Interaktionspartei unterworfen ist oder jemals eine Existenz publiziert worden wäre. Zudem handelt es sich um keine parteiliche Abmachung, die gebrochen werden könnte (siehe Kapitel 2.3). Möglicherweise könnte es sich noch um ein Gesetz des Vertragsrechtes handeln, welches nicht gebrochen beziehungsweise entzweit wird. Die Zäsur besteht also in der Implementierung oder Addition eines weiteren Faktors, der den Kunden teilweise entlastet und den Zahlungsstrom trotzdem gewährleistet.

---

[104] Vgl. Borgfeld/Schneider (2007, S. 7)
[105] Borgfeld/Schneider (2007, S. 7)
[106] Vgl. Rahn (2009, S. 4)
[107] Vgl. Liebwein (2009, S. 9 f.)

5.   Die Konklusion und die Indikatoren

Schließlich repräsentiert dieses Kapitel eine Zusammenfassung, die singuläre Fakten aufgezählt und zu einer sinnvollen Struktur verdichtet – ähnlich einzelner Töne, die sich zu einer klangvollen Sinfonie kombinieren lassen. Zudem werden Indikatoren benannt und verallgemeinert, welche maßgeblich zum Erfolg der erlesenen Beispiele beitrugen.

5.1   Die exploitierten Erfolgsdeterminanten

Rekapitulierend lässt sich festhalten, dass mit den vorangestellten Begriffsbestimmungen (siehe Kapitel 2) die Grundlage, der Ausgangspunkt oder der *Status Quo* jeder weiteren themenbezogenen Betrachtung, kritischen Abgrenzung oder verbalen Diskriminierung geschaffen wurde. Ergänzend sei hinzuzufügen, dass die Abgrenzungen der Zäsur vom Bruch sowie die Definition des Erfolges einen gewissen mondialen Wert besitzen und ein *Novum* darstellen, da bis dato kein anderer Autor ähnliche Denkstrukturen oder Diversifikationsversuche angestoßen hat (siehe Kapitel 2.4). Anschließend wurden Signale dezidiert, welche einen eindeutigen bifurkatorischen Charakter in Bezug auf die Erfolgs- oder Misserfolgsgenerierung besitzen (siehe Kapitel 3). Des Weiteren wurden physisch existente und virtuell basierte Beispiele beschrieben und erläutert, die als Zäsuren- und Bruchbeispiele fungieren (siehe Kapitel 4). Vor allem aus den gewählten Beispielen ergab sich der Hauptteil von Determinanten, welche den unternehmerischen Erfolg steigern können.

Mit dem **Ausschöpfen vorhandener Potentiale** – kurz und anglizistisch: Lean-Management – und der Vermeidung von unnötigen Vorgängen, wurde im 20. und 21. Jahrhundert ein Organisations- und Denkmodell exemplifiziert, das fast eine stete Mehrwertgenerierung garantiert.[108] Supplementär ist zu erwähnen, dass die **Implementierung von externen und etablierten Verfahren** – z.B. der Discount Ansatz – einen Erfolgseffekt verstärken kann. Als Beleg für die begriffslastige Theorie

---

[108] Vgl. Pfeiffer/Weiss (1994, S. 9 ff.); Vgl. Binner (1997, S. 2-17)

ist in dieser Denkschrift die easyApotheke (siehe Kapitel 4.1) benannt, welche beide Konzepte umsetzte. Eine weitere Determinante lässt sich durch die **Involvierung eines partial entlastenden Faktors** innerhalb einer archaischen Prozesskette lokalisieren. So gelang es Carglass (siehe Kapitel 4.3) den seit 01. Januar 1900 geltenden Prozess (»Geld gegen Leistung«)[109] um einen signifikanten Part zu erweitern, welcher die Entschädigungsübernahme in Form einer Geldzahlung in seinem Portfolio besitzt. Auffällig ist, dass alle konkretisierten Zäsuren die Methode des **Franchise** – also eine systematische Verbreitung eines Konzeptes – einsetzen, um eine zeitbeschleunigte Durchsetzung und Anwendung des Konzeptes zu gewährleisten. Hiernach könnte von einer ideellen Querschnittsfunktion ausgegangen werden. Ferner rundet die Erfolgsdeterminante des Bruchs die Konstatierung ab, welche das **Erkennen und Nutzen des technischen Wandels** beziehungsweise der Möglichkeiten betrifft. Repräsentiert durch das Wunderloop (siehe Kapitel 4.2) Beispiel, welches nunmehr in mehrfacher Weise (z.B. durch nugg.ad) kopiert und erweitert wurde.[110]

5.2 Die inapparenten Indikatoren zur erfolgreichen Regelzäsur

Ist es nunmehr vorstellbar von einer Kultivierung, einer *„«Urbarmachung»...[oder einer]... Pflege des natürlichen Wachstums"[111]* der Zäsur – im Zusammenhang mit dem klassischen Verständnis des Regelbruchs – zu sprechen? Ähnlich der Empfehlung der eingangs gestellten und an diesem Platze wiederholte Frage:

»Inwieweit ist es möglich, die regelbezogene Zäsur als prädeterminierende Konstante zu kultivieren, um einen einfachen und erfolgreichen Zugang zum Regelbruch zu generieren, ohne dass organisationale, psychologische oder pekuniäre Blockaden und Nivellierungsmechanismen einen unternehmenseigenen destruktiven Einfluss ausüben können?«

Eine simplifizierte Ja-oder-Nein-Antwort (nach manichäischer Unart) sollte und wird der verständige Leser nicht erwarten. Die Begriffe und Voraussetzungen sind zu

---

[109] Vgl. Suchanek (2007, S. 267)
[110] Vgl. Kalunder (2008, S. 71 ff.)
[111] Eagleton (2009, S. 7)

komplex um eine eindeutige Aussage treffen zu können. So werden lediglich Indikatoren aufgezeigt, die zur Bejahung oder Verneinung verhelfen können.

Alle drei Konzepte der gewählten Beispiele (easyApotheke, Wunderloop, Carglass) waren auf eine jeweils eigene Weise erfolgreich. In diesem Sinne ist es von einer signifikanten Relevanz, aus einem Vergleich kongruente Indikatoren zu lokalisieren. Bemerkenswerterweise besaßen alle Beispiele eine **individuelle Einheitlichkeit** in der Außenpräsentation. Die immergleiche Organisation und Beschaffenheit von Unternehmen begünstigt ein Bewusstsein oder bewusst werden (Awareness), welches eine systeminterne Identität auf systemexterne Entitäten reproduziert (Corporate Identity).

Ferner ist der easyApotheke und Carglass gemein, dass das Erfolg versprechende Konzept mittels des **Franchise** verbreitet wurde. Hierdurch können pekuniäre Blockaden abgemildert werden, weil für die Benutzung und Umsetzung des Konzeptes ein gewisses Fixum bezahlt werden muss, welches – zusammen mit den laufenden Zahlungen – einen schnelleren Kapitalrückfluss begünstigt.[112]

Eine zweite Ausprägung, die allen selektierten Firmen gleich ist, beschreibt die **intermediäre Stellung** innerhalb einer Kette von Zulieferern und Abnehmern. Wobei sich die benannten Unternehmen stark von Händlern (die eine zuvor erworbene Sache weiterverkaufen) unterscheiden, da jene stets eine Mehrwertgenerierende Leistung im Portfolio führen.

Das letzte Merkmal betrifft die zu erwartende **Strafe** (siehe Kapitel 2.3). Zumeist ist und bleibt diese schwer schätzbar, da die Intensitätsgrade erst *post* zäsural erkennbar sind.

Schließlich und endlich bleibt festzuhalten, dass die beiden Fakten Einheitlichkeit und intermediäre Stellung durch eine Kultivierung eine erfolgreiche Regelzäsur – anlehnend an die Definition von Erfolg (siehe Kapitel 2.4) – unterstützen können, sofern die Marktakteure keine Furcht vor Strafen haben oder sich bereits ein Ressentiment durch Misserfolge eingestellt hat.

Ergänzend lässt sich aus dieser Arbeit ein ganzheitlicher Wert erschließen, der nachweist, dass nicht jeder deklarierte Regelbruch ein Regelbruch *per se* darstellt. Vielmehr existiert eine Parallelität zum Bruch (die Zäsur), die nicht nur auf einer puristischen

---

[112] Vgl. Mattmüller (2006, S. 167)

Basis beruht, sondern als äquivalentes *Novum* zum »Regelbruch« in den wirtschaftswis-
senschaftlichen Sprachgebrauch Einzug halten sollte!

6. Literaturverzeichnis

absatzwirtschaft.de (2010): Recht. Apotheker dürfen geringe Rabatte geben, http://www.easyapotheke-partner.de/content/images/presse/20100909_absatzwirtschaft_de.pdf, zuletzt aufgerufen am: 15.06.2011

aerzteblatt.de (2009): Fremdbesitzverbot für Apotheken rechtmäßig, 19.05.2009, http://www.aerzteblatt.de/nachrichten/36627/Fremdbesitzverbot_fuer_Apotheken_recht maessig.htm, zuletzt aufgerufen am: 16.06.2011

Akerlof, George A. (1970): The Market for 'Lemons': Quality Uncertainty and the Market Mechanism. In: The Quarterly Journal of Economics, volume 84, issue 3, Oxford University Press, Oxford

Bagusat, Olav (2004): Die Rolle der Sprache beim Problemlösen. Eine sprach(spiel)theoretische Untersuchung für die Managementdisziplin, Dr. Bachmeier Verlag GmbH, München

Baldauf, Angi (2008): Preisabsprachen. Apotheker müssen 150000 Euro Bußgeld zahlen, http://www.easyapotheke-partner.de/content/images/presse/080109_bild.pdf, zuletzt aufgerufen am: 15.06.2011

Becker, Wolfgang, Lutz, Stefan (2007): Gabler Kompakt-Lexikon. Modernes Rechnungswesen, 2. Auflage, Betriebswirtschaftlicher Verlag Dr. Th. Gabler / GWV Fachverlage GmbH, Wiesbaden

Belron (2009): Company backround. From little things, big things grow, http://www.belron.com/About-us/Company-background.aspx, zuletzt aufgerufen am: 18.07.2011

Bicchieri, Christina (2006): The grammar of society. The nature and dynamics of social norms, Cambridge University Press, Cambridge *et al.*

Bickhoff, Nils (2009): Quintessenz des strategischen Managements. Was Sie wirklich wissen müssen, um im Wettbewerb zu überleben, korrigierter Nachdruck, Springer-Verlag, Berlin/ Heidelberg

Binner, Hartmut F. (1997): Integriertes Organisations- und Prozessmanagement. Die Umsetzung der General Management Strategie durch Integrierte Managementsysteme, Hanser Verlag, München / Wien

Borgfeld, Wolfgang, Schneider, Guido (2007): Radio-Werbewirkungsforschung. Umsatzzuwachs allein über Radio. In: HORIZONT, Mediaguide 01/2007, 29.03.2007, Deutscher Fachverlag GmbH, Frankfurt am Main

Carglass (2011a): Carglass – Wer wir sind, http://www.carglass.de/Carglass-R-Wer-wir-sind.5122.0.html, zuletzt aufgerufen am: 18.07.2011

Carglass (2011b): Kooperation mit allen führenden Versicherungen, http://www.carglass.de/Kooperation-mit-allen-fuehrenden-Versicherungen.834.0.html, zuletzt aufgerufen am: 19.07.2011

Carl, Notger, Fiedler, Rudolf, Jórasz, William, Kiesel, Manfred (2008): BWL kompakt und verständlich. Für IT-Professionals, praktisch tätige Ingenieure und alle Fach- und Führungskräfte ohne BWL-Studium, 3. überarbeitete Auflage, Vieweg + Teubner GWV Fachverlage GmbH, Wiesbaden

Computer Zeitung (2008): Wunderloop erhält als erstes deutsches Unternehmen das EU-Siegel EuroPriSe, Heft 40, Konradin Verlag Robert Kohlhammer, Leinfelden-Echterdingen

Domasch, Silke (2007): Sprache und Wissen. Biomedizin als sprachliche Kontroverse. Die Thematisierung von Sprache im öffentlichen Diskurs zur Gendiagnostik, Walter de Gruyter GmbH & Co. KG, Berlin

Dreger, Wolfgang (1999): Management der Kundenzufriedenheit. Mit 112 Bildern und 41 Literaturstellen, expert verlag, Renningen-Malmsheim

Duden (2003): Deutsches Universalwörterbuch, 5. überarbeitete Auflage, Dudenverlag, Bibliographisches Institut & F.A. Brockhaus AG, Mannheim

Eagleton, Terry (2009): Was ist Kultur?, Verlag C.H. Beck oHG, München

easyApotheke (2010): Image-Broschüre. Pressemappe. easyApotheke Fact-Sheet. easyApotheke Hintergrund. CV Oliver Blume, http://www.easyapotheke-partner.de/content/presse_medien/downloads.html, zuletzt aufgerufen am: 15.06.2011

Edingloh, Lars (2004): Kundenloyalität als Erfolgsgröße im Customer Relationship Management, Diplomica Verlag, Hamburg

Enke, Margit, Reimann, Martin, Geigenmüller, Anja (2005): Commodity Marketing. Definition, Forschungsüberblick, Tendenzen. In: Enke, Margit, Reimann, Martin (Hrsg.): Commodity Marketing. Grundlagen und Besonderheiten, Betriebswirtschaftlicher Verlag Dr. Th. Gabler/GWV Fachverlage GmbH, Wiesbaden

Feyerabend, Paul (1979): Erkenntnis für freie Menschen, 2. Auflage, Suhrkamp Verlag, Frankfurt am Main

Figl, Johann, Klein, Hans-Dieter (2002): Der Begriff der Seele in der Religionswissenschaft, Verlag Königshausen & Neumann GmbH, Würzburg

Förster, Anja, Kreuz, Peter (2007): Different Thinking! So erschließen Sie Marktchancen mit coolen Produktideen und überraschenden Leistungsangeboten, Redline Wirtschaft/Redline GmbH, Heidelberg

Fösken, Sandra (2010): Die Branche ist sich uneins. Der Wandel von der Umfeld- zur Zielgruppenplanung ist längst überfällig. Vermarkter gründen ein Targeting- Bündnis, Agenturen fordern Steuerungshoheit. In: Absatzwirtschaft, 04/2010, 25.03.2010, Fachverlag der Verlagsgruppe Handelsblatt GmbH, Düsseldorf

Frey, Daniel (1996): Einführung in die deutsche Metrik - mit Gedichtmodellen für Studierende und Deutschlehrende, Wilhelm Fink GmbH & Co. Verlags-KG, Stuttgart

Fröhlich-Gildhoff, Klaus (2007): Verhaltensauffälligkeiten bei Kindern und Jugendlichen. Ursachen, Erscheinungsformen und Antworten, In: Hartung, J. (Hrsg.), Fröhlich-Gildhoff, Klaus (Hrsg.): Module angewandter Psychologie, W. Kohlhammer GmbH, Stuttgart

Gabler, Wirtschaftslexikon (2000): Stichwort »Regelung«, 15. komplett überarbeitete Auflage, Gabler Verlag/ Springer Fachmedien Wiesbaden GmbH, Wiesbaden

Gale Directory of Company Histories (2011): http://www.answers.com/topic/belron-international-ltd, zuletzt aufgerufen am: 18.07.2011

Garz, Detlef (2008): Sozialpsychologische Entwicklungstheorien. Von Mead, Piaget und Kohlberg bis zur Gegenwart, 4. Auflage, VS Verlag für Sozialwissenschaften / GWV Fachverlage GmbH, Wiesbaden

Geiger, Theodor Julius (1967): Die Masse und ihre Aktion: Ein Beitrag zur Soziologie der Revolutionen, Ferdinand Enke Verlag, Stuttgart

Gobé, Marc (2009): emotional brandings. The new paradigm for connecting brands to people, updated and reviewed edition, Allworth Press, New York

Goertz, Susanne (2007): Portfolio-Werbung. Eine Technik zur Stärkung von Dachmarken in komplexen Markenarchitekturen. In: Hrsg.: Esch, Franz-Rudolf, Decker, Reinhold, Herrmann, Andreas, Sattler, Henrik, Woratschek, Herbert: Marken und Produktmanagement, Deutscher Universitäts-Verlag / GWV Fachverlage GmbH, Wiesbaden

Göbel, Elisabeth (2002): Neue Institutionenökonomik. Konzeption und betriebswirtschaftliche Anwendungen, Lucius & Lucius Verlagsgesellschaft mbH, Stuttgart

Grau, Bernhard (2001): Kurt Eisner 1867-1919. Eine Biographie, Verlag C.H. Beck oHG, München

Hallscheidt, Sven Christoph (2005): Sicherung von Property Rights bei komplexer Leistungserstellung. Vergleichende Untersuchung von Wirtschaftsmediation und Claim Management, In: Engelhardt, Werner Hans (Hrsg.), Fließ, Sabine (Hrsg.), Kleinaltenkamp, Michael (Hrsg.) *et al.:* Focus Dienstleistungsmarketing, Deutscher Universitäts-Verlag/GWV Fachverlage GmbH, Wiesbaden

Hartmann, Frank (2008): Medien und Kommunikation, Facultas Verlags- und Buchhandels AG, Wien

Hell, Matthias (2005): Einwanderungsland Deutschland? Die Zuwanderungsdiskussion 1998 – 2002, VS Verlag für Sozialwissenschaften / GWV Fachverlage GmbH, Wiesbaden

HORIZONT (2010): TV-Neukunden nutzen die Krise, Mediaguide 01/2010, 02.09.2010, Deutscher Fachverlag GmbH, Frankfurt am Main

HORIZONT (2009): Wunderloop will nach Amerika, 09/2009, 26.02.2009, Deutscher Fachverlag GmbH, Frankfurt am Main

HORIZONT (2007): Chairman Michael Kleindl sieht großes Potenzial für Connect, 12/2007, 22.03.2007, Deutscher Fachverlag GmbH, Frankfurt am Main

HORIZONT (1994): Carglass entscheidet sich für Robert Pütz-Konzept, 08/1994, 25.02.1994, Deutscher Fachverlag GmbH, Frankfurt am Main

Hüttl, Manuel (2005): Der gute Ruf als Erfolgsgröße. Profitieren Sie von Ihrem Ansehen!, Erich Schmidt Verlag GmbH & Co., Berlin

Joas, Hans (Hrsg.) (2007): Lehrbuch der Soziologie, 3. überarbeitete und erweiterte Auflage, Campus Verlag GmbH, Frankfurt/Main/New York

Kalunder, Walter, evolaris next level Privatstiftung (Hrsg.) (2008): Entwicklung eines Empfehlungsrasters für Personalisierungsverfahren und Anwendung auf ein mobiles Video-Service, GRIN Verlag, Norderstedt

Kappe, Doris (2007): Strategieorientiertes Verhalten – die Erfolgsgröße im Unternehmen. So sctzen Sie Ihre Geschäftsstrategie nachhaltig um, expert verlag, Renningen

Kiesewetter, Johann Gottfried Carl Christian (1791): Ueber den ersten Grundsatz der Moralphilosophie 2. Teil, welcher die Darstellung und Prüfung des Kantischen Moralprinzips enthält, Matzdorff Verlag, Berlin

Kleinaltenkamp, Michael, Saab, Samy (2009): Technischer Vertrieb. Eine praxisorientierte Einführung in das Business-to-Business-Marketing, Springer Verlag, Berlin / Heidelberg

Kleinaltenkamp, Michael (2002): Wettbewerbsstrategie. In: Kleinaltenkamp, Michael, Plinke, Wulff: Strategisches Business-to-Business Marketing, 2. Auflage, Springer-Verlag, Berlin/Heidelberg

Kontakter (2010): AudienceScience. Mit Hilfe von Wunderloop-Technik sollen Profil-Netzwerke entstehen, 28/2010, 12.07.2010, Verlag Werben & Verkaufen GmbH, München

Kontakter (2009): Carglass will sich behutsam verändern, 12/2009, 16.03.2009, Verlag Werben & Verkaufen GmbH, München

Kontakter (2006): Von Hamburger 7d zur internationalen Wunderloop, 37/2006, 21.08.2006, Verlag Werben & Verkaufen GmbH, München

Köbler, Gerhard (1995): Etymologisches Rechtswörterbuch, Verlag von J.C.B. Mohr (Paul Siebeck), Tübingen

Kraus, Roland (2005): Strategisches Wertschöpfungsdesign. Ein konzeptioneller Ansatz zur innovativen Gestaltung der Wertschöpfung, Deutscher Universitäts-Verlag/GWV Fachverlage GmbH, Wiesbaden

Krause, Gerhard (Hrsg.), Müller, Gerhard (1984): Theologische Realenzyklopädie. Gesellschaft und Christentum V, Band 12, Walter de Gruyter & Co, Berlin/New York

Kühn, Stephan, Platte, Iris, Wottawa, Heinrich (2006): Psychologische Theorien für Unternehmen, Vandenhoeck & Ruprecht GmbH & Co. KG, Göttingen

Langbehn, Arno (2010): Praxishandbuch Produktentwicklung. Grundlagen, Instrumente und Beispiele, Campus Verlag GmbH, Frankfurt am Main

Langhammer, Florian (2005): Branded Experiences – Erlebnisse im Markenkontext. Emotionalisierung von Marken in den Köpfen von Konsumenten und deren Erlebbarmachung im Kontext nicht-klassischer Medien, GRIN Verlag, Norderstedt

Lehnerer, David M.X. (2010): Die Bedeutung von Schlüsselkompetenzen für professionelles Handeln in der Sozialen Arbeit. Unter besonderer Berücksichtigung der Kommunikation, GRIN Verlag, Norderstedt

Liebwein, Peter (2009): Klassische und moderne Formen der Rückversicherung, 2. Auflage, Verlag Versicherungswirtschaft GmbH, Karlsruhe

Linde, Frank (2008): Ökonomie der Information, 2. überarbeitete Auflage, Universitätsverlag Göttingen

Luhmann, Niklas (2009): Die Realität der Massenmedien, 4. Auflage, VS Verlag für Sozialwissenschaften / GWV Fachverlage GmbH, Wiesbaden

Martens, Jens-Uwe, Kuhl, Julius (2009): Die Kunst der Selbstmotivierung. Neue Erkenntnisse der Motivationsforschung praktisch nutzen, 3. aktualisierte und erweiterte Auflage, W. Kohlhammer GmbH, Stuttgart

Mattmüller, Roland (2006): Integrativ-Prozessuales Marketing. Eine Einführung, 3. aktualisierte Auflage, Betriebswirtschaftlicher Verlag Dr. Th. Gabler / GWV Fachverlage GmbH, Wiesbaden

Meier, Christian (2010): wunderloop: „Reinigendes Gewitter". In: kressreport, 12/2010, 26.06.2010, Haymarket Media GmbH, Heidelberg

Meyers (1905): Meyers Großes Konversationslexikon. Ein Nachschlagewerk des allgemeinen Wissens, Band 3, 6. gänzlich neubearbeitete und vermehrte Auflage, Leipzig/Wien

Moore, John W., Langley, Richard (2009): Biochemie für Dummies. Die Lebensformel der Lebensformel, WILEY-VCH Verlag GmbH & Co. KGaA, Weinheim

Neises, Bettina (2011): „Wir sind derzeit voll im Plan". Ad Audience: Das Targeting-Bündnis zieht nach einem Jahr eine positive Zwischenbilanz / 2011 soll das Portfolio wachsen. In: HORIZONT, 12/2011, 24.03.2011, Deutscher Fachverlag GmbH, Frankfurt am Main

Opp, Karl-Dieter (1983): Die Entstehung sozialer Normen. Ein Integrationsversuch soziologischer, sozialpsychologischer und ökonomischer Erklärungen, J.C.B. Mohr (Paul Siebeck), Tübingen

Pechlaner, Harald, Matzler, Kurt (2001): Über die Diversifikation hinaus – Wie „Business Migration" die Spielregeln des Wettbewerbs verändert. Eine Tour d'horizon. In: Hinterhuber, Hans H., Stahl, Heinz K. (Hrsg.): Fallen die Unternehmensgrenzen? Beiträge zur Außenorientierung der Unternehmensführung, expert verlag, Renningen

Perler, Dominik (2006): René Descartes, 2. erweiterte Auflage, Verlag C.H. Beck oHG, München

Peters, Lars (2008): Werbung in Radioprogrammen. In: Schramm, Holger (Hrsg.): Musik im Radio. Rahmenbedingungen, Konzeption, Gestaltung, VS Verlag für Sozialwissenschaften / GWV Fachverlage GmbH, Wiesbaden

Pfeiffer, Werner, Weiss, Enno (1994): Lean Management. Grundlagen der Führung und Organisation lernender Unternehmen, 2. überarbeitete und erweiterte Auflage, Erich Schmidt Verlag GmbH & Co., Berlin

Piper, Nikolaus (2009): Die Große Rezession. Amerika und die Zukunft der Weltwirtschaft, Carl Hanser Verlag, München

Prien, Bernd (2006): Kants Logik der Begriffe, Walter de Gruyter GmbH & Co. KG, Berlin

Radvilas, Heidi (2007): Ein Forum für Internet-Zielgruppen. In: HORIZONT, 12/2007, 22.03.2007, Deutscher Fachverlag GmbH, Frankfurt am Main

Rahn, Benjamin (2009): Die Theorien nach Homann und Suchanek und deren Bedeutung in der Risikogesellschaft nach Ulrich Beck, GRIN Verlag, Norderstedt

Remmert, Jochen (2010): Studie. Forscher sehen jede dritte Apotheke vor dem Aus, 09.02.2010, http://www.faz.net/artikel/C30535/studie-forscher-sehen-jede-dritte-apotheke-vor-dem-aus-30082278.html, zuletzt aufgerufen am: 16.06.2011

Rothenberger, Sandra (2005): Antezedenzien und Konsequenzen der Preiszufriedenheit, Deutscher Universitäts-Verlag / GWV Fachverlage GmbH, Wiesbaden

Schmidt, Detlef, Vest, Peter (2010): Die Energie der Marke. Ein konsequentes und pragmatisches Markenführungskonzept, Gabler/GWV Fachverlage GmbH, Wiesbaden

Schramm, Alexandra (2011): Schwerpunkt Apotheke. Auf Senioren gut vorbereitet. In: DAS PTA MAGAZIN, Heft 06/2011, Springer Gesundheits- und Pharmazieverlag, Neu Isenburg

Sell, Friedrich L. (2004): Vertrauen: Eine ökonomische Kategorie. In: Blümle, Gerold, Goldschmidt, Nils, Klump, Rainer, Schauenberg, Bernd, Senger, Harro von (Hrsg.): Perspektiven einer kulturellen Ökonomik, LIT VERLAG, Münster

Skierlo, Armin (2011): Die Umsetzung der Blue Ocean Strategy in der Kreuzfahrtindustrie am Beispiel von AIDA Cruises, GRIN Verlag, Norderstedt

smg (2011): Social Media Group. What is Google+?, http://socialmediagroup.com/2011/07/05/google/, zuletzt aufgerufen am: 07.07.2011

smg (2009): Social Media Group. Strengthening through sharing. Social Media Fundamentals, http://socialmediagroup.com/social-media-fundamentals/, zuletzt aufgerufen am: 06.07.2011

Spanner, Elke (2008): Keiner von uns. Drohungen, Schikanen, Prozesse: Als der Internetunternehmer Oliver Blume den Discounter Easyapotheke gründet, bekommt er den Widerstand der gesamten Zunft zu spüren – bis Kriminalpolizei und Kartellwächter eingreifen, FINANCIAL TIMES DEUTSCHLAND, 16. Dezember 2008, Hildesheim

Stahel, Walter R. (2004): Ressourcenproduktivität durch Nutzenintensivierung und Lebensdauerverlängerung. 10 Jahre Good Practice Beispiele, Verlag Book on Demand GmbH, Norderstedt

Steffenhagen, Hartwig, Diller, Hermann (Hrsg.), Köhler, Richard (Hrsg.) (2008): Marketing. Eine Einführung, 6. vollständig überarbeitete Auflage, W. Kohlhammer GmbH, Stuttgart

Suchanek, Siegfried (2007): Strukturation von Handwerksnetzwerken. Organisatorische Aktionsparameter der Netzwerkkooperation von Handwerksbetrieben, In: Picot, Arnold, Reichwald, Ralf *et al.*: Markt- und Unternehmensentwicklung, Deutscher Universitäts-Verlag / GWV Fachverlage GmbH, Wiesbaden

Tandler, Steven (2010): Chaosmanagement in komplexen Organisationen, Seminararbeit, Hochschule Lausitz (FH), (unveröffentlicht)

Tenbieg, Jochen (2005): Online-Schadenregulierung – Möglichkeiten und Grenzen In: Wagner, Fred (Hrsg.): Leipziger Versicherungsseminare, Verlag Versicherungswirtschaft GmbH, Karlsruhe

Vanberg, Victor (1984): »›Unsichtbare-Hand Erklärungen‹ und soziale Normen«, In: Todt, H. (Hrsg.): Normgeleitetes Verhalten in den Sozialwissenschaften, Schriften des Vereins für Sozialpolitik, Berlin

Voigt, Stefan (2009): Institutionenökonomik, 2. durchgesehene Auflage, Wilhelm Fink Gmbh & Co Verlags-KG, Paderborn

Volkmer, Thomas, Singer, Mario C. (2008): Tatort Internet. Das Handbuch gegen Rufschädigung, Beleidigung und Betrug im Internet, Markt + Technik Verlag/Pearson Education Deutschland GmbH, München

Wahl, Matthias (2007): "Die Qualität der Zielgruppe ist ein wichtiger Aspekt." In: Absatzwirtschaft, 04/2007, 01.04.2007, Fachverlag der Verlagsgruppe Handelsblatt GmbH, Düsseldorf

Walgenbach, Peter, Meyer, Renate (2008): Neoinstitutionalistische Organisationstheorie, Kohlhammer GmbH, Stuttgart

Wankhade, Lalit, Dabade, Balaji (2010): Quality Uncertainty and Perception. Information Asymmetry and Management of Quality Uncertainty and Quality Perception, Springer-Verlag, Berlin/Heidelberg

Weder, Mark (1999): Korreferat zum Referat B. Lucke In: Franz, Wolfgang, Hesse, Helmut, Ramser, Hans Jürgen, Stadler, Manfred: Trend und Zyklus. Zyklisches Wachstum aus der Sicht moderner Konjunktur- und Wachstumstheorie, J.C.B. Mohr (Paul Siebeck), Tübingen

werben & verkaufen (2010): Bombardement, 37/2010, 16.09.2010, Verlag Werben & Verkaufen GmbH, München

werben & verkaufen (2007): Große Erwartung an Werbetechnik. Behavioral Targeting, 05/2007, 01.02.2007, Verlag Werben & Verkaufen GmbH, München

Werner, Christine (2007): McDonald's. Soziokulturelle und wirtschaftliche Bedingungen einer erstaunlichen Erfolgsgeschichte, GRIN Verlag, Norderstedt

Weser, Franziska (2011): Einfluss des Humankapitals auf die Unternehmenswertsteigerung als Herausforderung des wertorientierten Personalcontrollings, Bachelorarbeit, Hochschule Lausitz (FH), (unveröffentlicht)

Wimmer, Rainer (1983): Sprachkritik und reflektierter Sprachgebrauch, In: Sprache und Literatur in Wissenschaft und Unterricht 14/H.51, S. 3-14

Winter, Norbert (2008): Regelbruch als Faktor erfolgreicher Unternehmensentwicklung, GRIN Verlag, Norderstedt

Wittchen, Hans-Ulrich (Hrsg. der deutschen Ausgabe) (1998): Handbuch Psychische Störungen. Eine Einführung, 2. neu ausgestattete Auflage, Psychologie Verlags Union, Weinheim

YouTube (2011): The Google+ project: A quick look, http://www.youtube.com/watch?v=xwnJ5Bl4kLI, zuletzt aufgerufen am: 06.07.2011

YouTube (2010a): Behavioral Targeting is annoying if you see the same ad again and again and again, http://www.youtube.com/watch?v=amF7izJYxZk, zuletzt aufgerufen am: 30.06.2011

YouTube (2010b): Oliver Blume. easyApotheke "Wir sind nicht auf Rezepte angewiesen", http://www.youtube.com/watch?v=5C7T81ibtZo, zuletzt aufgerufen am: 16.06.2011

YouTube (2008a): Predictive Behavioral Targeting. nugg.ad, http://www.youtube.com/watch?v=RhntGEPMRQw, zuletzt aufgerufen am: 29.06.2011

YouTube (2008b): Ein Rundgang durch eine Easyapotheke, http://www.youtube.com/watch?v=kidofptysfc, zuletzt aufgerufen am: 16.06.2011